後継ぎとしての半世紀

二代目の私がしてきたこと

トーカイ　代表取締役会長
小野木 孝二

中経マイウェイ新書 062

はじめに

次世代の経営者にエールを

私の人生を振り返ると、いろいろな人との出会いによって、現在があるのだとつくづく感じている。滋賀県の片田舎の教育者の家庭で生まれ、いつも兄の背中を追っかけていたような自分が、まさか経営者になるとは夢にも思っていなかった。いろいろな人に引っ張ってもらい、さまざまな経験をさせていただいて、今日まで企業経営を続けることができたと心から感謝している。

私は、滋賀県安土町で生まれ、中学の時、彦根に引っ越し、彦根東高校から京都大学に進学した。大学では工学部を専攻し、卒業したら鉄鋼メーカーに就職するものだと思っていた。ところが、大学3年生の時、初めて先代小野木三夫社長に会い、その人間的な魅力に圧倒され、養子となった。

先代はゼロからイチを生み出してきた。建設現場で働く作業員が寝泊まりする飯場《はんば》向けの貸布団業として東海綿業（現トーカイ）を設立し、その後も病院用リネンサプライや乾式清掃のレンタルモップのリースキン事業などを手掛け、私が初めて会った時はすでに成功を収めていた。

1998年、突然ある理由で私は先代から会社を引き継ぎ、42歳で2代目社長に就いた。先代が苦労して築き上げてきた過程を創業時から間近で見ていたなら、自然と経営のセンスが備わったのかもしれないが、成功した後からの経験しかなかった。ただ、そんな私でも、先代社長からの教えや、人との出会いによって、学び、事業を進めることができた。

現在、当社グループは「清潔と健康」をテーマに「健康生活サービス」「調剤サービス」「環境サービス」の三つのサービスを展開している。健康生活サービスは、病院やホテル向けリネンサプライや福祉用具のレンタル、クリーニング設備の製造販売など。調剤サービスは、子会社のたんぽぽ薬局が調剤専門薬局を東海地域中心に154店（2024年3月現在）展開している。そして環境サービスは、モップやマットなど乾式清掃のレンタルを行うリースキンやビルメンテナンス、太陽光発電を手掛けている。売上高は連結1382億円（24年3月期）まで成長することができた。

今回のこの本を書くのは、特に2代目、3代目の経営者で自信がなく、仕事を引き継ぐことに、ためらい、不安を抱いている人に対して、こんな私でも出来たということを吐露することにより、少しでもエールが送れるなら、と願ってのことである。

筆者近影

目次

第七章　新たな事業展開で東証上場へ

第一章　小野木家の養子となるまでの若き日

信長の安土生まれ。小学生のときは卓球に熱中

私は1955（昭和30）年2月16日、滋賀県蒲生郡安土町（現近江八幡市）で父・井川栄造、母・まさ子の次男として生まれた。田んぼと山の本当にのどかな田舎だった。

父は道徳教育を指導していたモラロジー道徳教育財団（本部千葉県柏市）の安土町にあった「淡海修練所」の講師をしていた。午前中は学びに来ている人と農作業に従事し、午後はモラロジーの教育を指導していた。母は結婚当初は専業主婦だったが、実家の兄がベビー服の会社を始めることになり、安土町で縫製工場の社長兼工場長をすることとなる。多いときは15人ほどの従業員を雇っていた。

修練所にはたくさんの人が学びに来ていた。宿泊施設もあり、多い時は10

0人ぐらいいたと思う。

縫製工場には若い女性が女性工員として働き、地方からもわが家に5人住み込みで来ていて、普段から多くの人に囲まれたにぎやかな幼少期を過ごした。

兄弟は一つ上の兄・良一、二つ下の妹・栄子の3人兄弟で、幼少期はいつも兄の後ろについて遊んでいた。当時の安土町は自然が豊かで、実家の裏は織田信長築城の安土城があった安土山があり、目の前には田んぼが広がっていた。

通っていた安土町立小学校は家から片道3・5キロと遠かったことを覚えている。子供の足で片道40分はかかったと思う。私はよく忘れ物をした。4年生の時の先生は特に厳しく、忘れ物をすると必ず取りに帰らされていた。取りに行くと往復で7キロを歩くことになる。当然その日は2往復することとなるので14キロを歩くこととなった。学校に戻るころには、次の授業が始まっていて取りに帰った教科書はいつも役に立たなかった。

成績はいいはずがなく、オール3だった。当時の通信簿を見返すと、先生から「もう少し落ち着いて、忘れ物をしないようにしましょう」と書いてあった。しかし、反省心もなく行動は変わらなかったので1週間に1回は忘れ物をしていた。唯一良かったことは、おかげでふくらはぎを鍛えることができた。

小学校の時、母が、住み込みで働く女性の余暇として工場の空いたスペースに卓球台を置いてくれた。最初、私は負けてばかりで好きではなかったが、お姉さんたちに鍛えてもらい上達した。勉強は全然好きになれなかったが、6年生になると隣町に上手な子がいると聞くと自転車に乗って、勝負を挑んだ。初めて熱中したのが卓球だった。

母と兄弟(右から２人目が筆者)

家庭と仕事で努力する母の姿

中学校に進学した年に父が講師を務めていたモラロジーの修練所が閉鎖になってしまった。父は別の仕事を探す必要があり、実家がある彦根市に一家で引っ越すことになった。祖父は蒔絵《まきえ》の職人だった。彦根は歴史のある地域で、仏壇メーカーも多く、関連する業種が集積していた。

父はモラロジーの紹介で家具販売会社の営業部長として働き始めた。これまで教育者として生きてきた父にとって営業の仕事は本当に苦労したと思う。母は安土町の縫製工場を引き続き経営し、片道30分かけて通っていた。

私は彦根市立東中学校に転校した。安土町の中学に入学した時は卓球部に入って、このままいけば県で1番になれるという自信があった。転校後も卓球部に入ったが、指導する先生の指導方法に疑問を持つこととなり、一気に熱は冷め、退部となってしまった。何をどう教えたいのかが分からなかった。あれだけ好きだった卓球だったが、今思えば、教え方ひとつで相手への伝わり方も大きく変わってしまう。そんな教訓を学んだ。

祖母は昔かたぎの人で、女性は家のことをして家族を支えるという考えしかできない人だった。彦根で祖父母と一緒に暮らすようになり、母は相当大変な思いをしていると子ども心にも感じていた。母は祖母の思いに応えようと一時縫製工場の経営を任せて、家に入った。ただ、家事だけではやることがないので、もったいないと思い、昼間に祖父の蒔絵を手伝おうとしたが、漆に反応してしまい、結局は縫製工場に復帰することになる。

今思うと、母は家庭と仕事を両立しようとしたキャリアウーマンだったのだと思う。本当に努力家で、何があっても最後は子どもたちを守るという思いがあり、強かった。そういう母の背中を見て育てられたような気がする。

彦根東中学時代は、卓球部もやめてしまったため帰宅部で、特段思い出はない。兄が滋賀県で2番目の進学校である県立彦根東高校に入学したから、私もという思いがあり、なんとか入ることができた。

卓球部の仲間（右から２人目が筆者）

3日目は寝坊した大学受験

入学した彦根東高校は文武両道を目指し、進取の気性に富んでいた。男性は学生服で、女性は私服。始業のチャイムがチャイコフスキーのピアノ協奏曲で、終業はヘンデルの「調子のよい鍛冶屋」だった。中学までとは違い、何か楽しそうという思いで高校生活がスタートした。

1年生の時の数学の先生が棚橋先生という50代の女性だった。最初の数学のテストが因数分解で、得意だったので私なりに試験の準備をしたらたまたま100点を取ることができた。その後、先生から気にかけてもらい、そこから数学が好きになった。ほかの科目はそうでもなかったが、数学だけは予習、復習をするようになった。

高校は1学年9クラスで、1クラス46人だった。5月にボート大会があり、伝統として1～3年を縦割りにし、9チームで応援をした。さっそく3年生から応援歌を教えられた。その応援歌が東大や京大、早稲田、慶応などで、いまでもすべて歌うことができる。今思えば、応援歌を通じて大学への憧れを生徒に持たせようとしていたのかもしれない。

高校でも卓球部に入った。残念ながら、中学時代のブランクもあり、卓球で大きな成果を上げることはできなかったが、集中力を養うことはできた。高校3年生の春の高体連に出場した後、夏休みから一気に大学入試モードに入った。午前8時半から午後5時半まで図書館にこもった。帰宅後、夕飯を食べて午前0時まで勉強した。高3の夏休みは本当に勉強したと思う。

夏休み明けの模擬試験で飛躍的に成績が上がり、秋ごろには先生から「京大になんとかいけるぞ」と言われた。当時は塾とかはなく、自分でスケジュール管理をしていた。計画通り進まないと再調整するという繰り返し。いまでいうプラン・ドゥ・チェック・アクトを実践していた。

大学入試にドラマがあった。当時の受験は国立大の場合、すべての大学が同じ日程で3日間あった。1、2日が終わってホッとしたのだと思う。3日の朝、目が覚めたのが午前8時半だった。父が京大を受けるならいいホテルにと京都ホテルを予約してくれた。どうやってチェックアウトしたかまったく記憶がないが、試験開始から20分遅れで会場に入った。世界史の試験を無我夢中で解いた。試験後、半分合格を諦め、予備校の願書を取り寄せていて、合格発表も見に行かなかったが、母親から電話があった。「孝二、受かったよ」。母は私を信じて京都まで行っていたのだった。

修学旅行のバスの中で

京大では合唱団のステージマネージャー

漠然と理数系に行きたいと思い、工学部を専攻した。当時はまだ「鉄は国家なり」という時代。将来は、そうした分野で社会の中で自分の役割を見つけられると思った。

下宿は銀閣寺近くの蔵を改装した少しかび臭い部屋だった。学生運動はほとんど終わりかけだったが、最初の前期試験は構内にバリケードが張られたこともあり、中止となった。高校時代、勉強に集中した反動もあり、解放され、いろいろな経験をしたいと思ったため大学時代はそんなに勉強したという覚えはない。

出会いを求め、京大混声合唱団に入部した。入部条件が、男性は京大生に限られていたが、女性は京大以外でも大丈夫だった。京都には京都女子大やノートルダム女子大などたくさん大学があり、合唱団は男性100人、女性200人の大所帯だった。

私自身はそれほど歌がうまいというわけでもない。ハモることもできなかったが、300人が音を合わせて練習すると、体の下から突き上げてくる音の迫力に魅了された。

合唱の素晴らしさに感動し、一生懸命練習したが、どうも時々音がはずれることがあった。3回生の時に先輩から「お前はステージマネージャーが向いているぞ」と暗に諭された。定期的に開催する演奏会の前に、司会が話す言葉や照明、音響などの準備をする役割だった。1分1秒単位で進行を考え、よりよい演奏会にすることでやりがいを感じていた。ミュージカルや「第九」などさまざまなジャンルの演奏会を実施し、毎回、河原町のレストランで打ち上げをして、最後は酔っぱらって鴨川で歌った。

勉強はというと、3回生に進学するときに統計的品質管理を研究している近藤良雄先生の「近藤研」を選んだ。同期は3人で、院生を含めると7、8人だった。大学から20分ほどの場所に先生の家があり、時々、先生の家でもお酒を飲ませていただいた。卒論のテーマは、金属が解ける中でどのように移動していくのかを研究する移動現象論に取り組んだ。

大学時代には、その後の人生を大きく動かす出会いがあった。3回生に上がる前の1975（昭和50）年1月、初めて先代・小野木三夫に会った。どこかの研究室に入り、推薦を受けて鉄鋼メーカーに就職するという漠然とした将来がガラリと変わることになる。

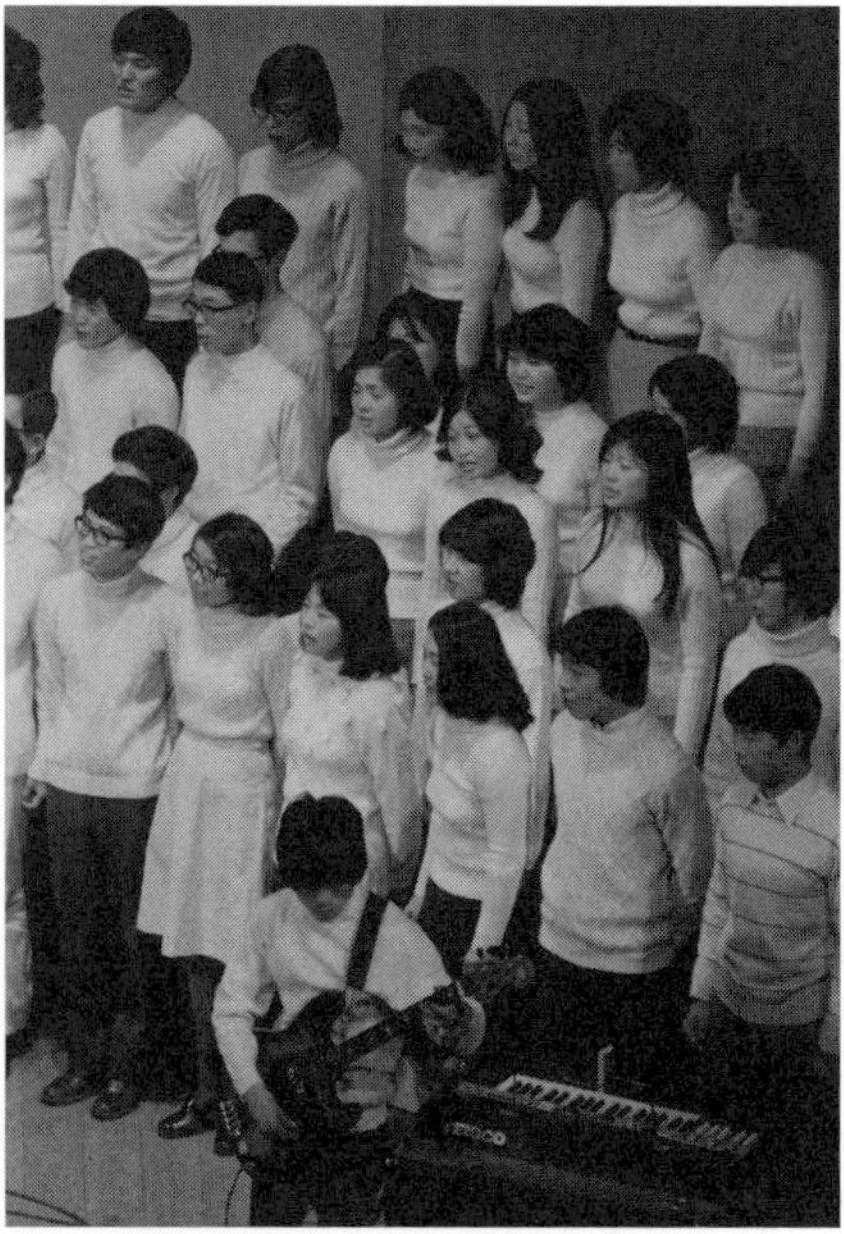

京大混声合唱団
（最前列右から２人目が筆者）

先代の魅力的な人間性にひかれ、養子に

先代・小野木三夫は1926（大正15）年8月に岐阜県竹鼻町の大野家で生まれ、翌年、小野木家の養子となった。44年に第15期海軍甲種飛行予科練習生として滋賀海軍航空隊に入隊し、特攻隊の一員として終戦を迎えた。その後、大阪工業大学に入学し、卒業後、岐阜の建設会社に入社したが、55年7月、トーカイの前身となる東海綿業を創業した。建設現場向けの貸布団業としてスタートし、病院向け寝具などで事業を拡大していた。

私が先代に初めて会ったのはまさに事業拡大を続け、成長を遂げている時だった。母方の叔父で関ヶ原に谷口守さんという方がいた。テーマパーク「関ヶ原ウォーランド」を運営していて、幼い頃何度か遊びに行った記憶があった。その谷口さんは先代と特攻隊の生き残りとなる「滋賀空15期会」の同志だっ

た。

死を覚悟した同志の絆は固く、戦後も年2回ぐらい同窓会を開いていた。谷口さんと先代は懇意で、谷口さんが「あんたは事業で成功したかもしれないが、息子がいない。事業は継続してなんぼ。後継者をつくらなあかんだろう」と。先代自身もそう感じていたこともあり「そんなことというなら、お前が誰か紹介しろ」という話になった。谷口さんも困って、親戚を見渡して、次男だった私に白羽の矢が立ったのだ。

最初に養子の話を聞いた時、そもそも商売人には向いていないと思い、断ってほしいと伝えた。ただ、谷口さんから俺の顔を立てて1回ぐらい会ってほしいと懇願され、ゼロから事業を立ち上げた人に会うことも社会勉強になると思い会うことにした。

叔父と一緒に先代の自宅を訪問した。第一印象は、笑顔が素晴らしく、本当に事業の話を楽しそうに話をされる方で、話に引き込まれていた。畳みかけるように話が進み、1回目から2週間後に再び会うことになった。岐阜の老舗料亭「水琴亭」だった。食べたこともない料理をいただいた。相手に考える暇を与えない先代の戦略にはまり、養子になることを前向きに考えるようになった。

最終的には工学部を専攻していたので、経済の勉強をしていないこともあり、米国のビジネススクール（経営学部大学院）へ留学することを条件に決めた。3回生の時、岐阜選出の国会議員・武藤嘉文さんに仲人親になってもらい、ホテルパークで養子の披露パーティーを開催してもらった。

ホテルパークで養子の披露パーティーを開催した(中央が筆者)

第二章　トーカイ入社と米国留学、修行の日々

綿ぼこりの中、アルバイトとして現場を学ぶ

大学3回生の時に小野木家の養子となり、小野木孝二となった。それからは条件としてお願いした海外留学に向けての英語の勉強と、トーカイについて学ぶため、3回生の夏休みから、まとまった休みの間はトーカイでアルバイトをすることになった。

トーカイは1975（昭和50）年1月、東海綿業から社名を変更していた。当時は、創業時の事業だった建設会社の飯場《はんば》と呼ばれる作業員の宿泊場所に布団を貸し出す事業に加え、少し前に制度化された病院向けの基準寝具の貸し出しも手掛けて、事業は拡大を続けていた。

布団は掛け布団と敷き布団があった。私の仕事は当時、羽島市にあったそれぞれの貸出先から回収した布団を洗濯するために、掛け布団を側と呼ぶカバー

と中身の綿に解体することだった。中の綿を取り出し、新しい綿と混ぜてフワフワにしてまたカバーに戻す作業で、工場内はものすごい綿ぼこり。忘れもしないが、いっぺんに鼻毛や眉毛が伸びたことを覚えている。異物から人体を守るためだと思うが、人間の生体反応のすごさを感じた。それがアレルギー性鼻炎の原因になったのではないかと今では思っている。

アルバイト期間中、同じ場所で働くおばちゃんたちのパワーにも圧倒された。私のようにアルバイトの若い学生も何人かはいたが、ほとんどは女性だった。洗濯した布団は大きなアイロンで乾かすため、常に工場内は蒸気が充満していた。夏になると40度を超えるような蒸し風呂状態だったが、おばちゃんたちの底抜けの明るさで救われた。労働環境をとやかく言う時代でもなかったので、過酷な状況だったと思うが、現場の人たちの頑張りを一緒に経験できたよい機会になった。

トーカイに入社が決まっていたので就職活動をすることはなかった。私の時の入社式はなぜだか3月上旬に行われた。後にも先にも3月上旬に実施されたのは私が入社した時だけだった。先代からしたら、早く京都から帰ってきて学生気分を抜けさせないといけないと思っていたのだろう。同期は15人ぐらいで、高卒と大卒が半分ずつだった。私のせいでそんな早くの入社式となり同期には申し訳なかったと思う。

アルバイトをしていたころの当時の職場

入社し、営業の現場で商売の難しさを知る

入社して初めての試練が待ち構えていた。社会人のマナー研修やトーカイの歴史を3日間ほど学んだ後、それではこれから1週間、どこでもいいからリースキン商品のモップや洗剤を売ってきてくださいと放り出された。

トーカイは、建設現場や病院向けの貸布団事業だけでなく、米国で普及していた、水を使用しない乾式清掃のリースキン事業を1967（昭和42）年から手掛けていた。モップや玄関マットなどをレンタルする事業で、貸布団事業を展開する中、洗濯工場を持っていたことで親和性があり、新規事業として伸びていた。

困ったことに、私は生まれた滋賀と学生時代を過ごした京都しか知らない。岐阜のどこに売りに行ったらいいのか途方に暮れた。ほかの同期は岐阜出身者

で友人や知人にさっそく売り込んでいた。

そんな私の状況を見かねたのか、社長夫人である養母が友達を紹介してくれた。友達は多分買いたくはなかったと思うが、母の紹介ということもあり買ってくれた。1週間後、成績発表があり、何とか真ん中ぐらいの順位で面目を保つことができた。

思えば、当時からリースキンの営業活動として「ＤＤ活動」という取り組みを実施していた。ＤＤとはドア・ツゥー・ドアの略で、一軒一軒訪問し、最初はモップなどの商品を一定期間、モニターで使用してもらい、期間が終わったら、よかったら継続してもらえますかという提案だ。成果がなくてもそのような努力を社長は期待していたのではないだろうか。当時はそこまで思いが至らなかった。

先代は何も言わず、そんな私をじっと見ていた。俺ならこうやって売るのになあと思っていたに違いない。先代は小さい時から商才にたけていた。小学生時代は長良川近くの岐阜公園にあった名和昆虫博物館の系列で名和昆虫工芸という会社が標本作り用に昆虫を購入してくれることを知り、どうすれば捕まえることができるのか、場所や時間帯を自分で考えて、お小遣いを稼いでいたという。大阪工大時代は、岐阜の和傘を大量に仕入れ、関西で飛び込み営業をして売りさばいたらしい。親からの仕送りもなかったから、自分自身で学費を工面した。商才もあったが、商売自体の面白さを分かっていたのだと思う。

私は、商売人としての能力があるかどうかを見たかった先代の期待を見事裏切った。

当時流していたリースキンのテレビ CM

米国留学。語学学校では英語で夢を見るまでに

入社後、5月の終わりには海外留学のため、渡米した。せっかくならアイビーリーグ（米国北東部にある有名私立の総称）に行きたいと思い、ニューヨークのコロンビア大学を選んだ。まずは英語の能力を上げるため、コロンビア大内の語学学校・ＡＬＰ（アメリカン・ランゲッジ・プログラム）に通った。

ＡＬＰはまさに人種のるつぼだった。南米やアジア、欧州と出身国はさまざま。最初に英語レベルを判断する試験があり、クラスを6段階に分けられる。私は上から3段階目に入った。

6月からＡＬＰに通った。コロンビア大のビジネススクール（経営学部大学院）に入学するためにＴＯＥＦＬ（非英語圏出身者の英語能力を判定するテスト）とＧＭＡＴ（米国人を含め大学院を目指す人全てが受けるテスト）を受け

る必要があった。GMATは数学と英語の2科目で英語は文法と単語、長文読解と分かれていた。数学はほとんど100点だったと思うが、英語の単語はさっぱり。文法はまあまあできたと思うが、長文読解の出来不出来が結果を左右したが、なんとか合格点は取ることができた。

コロンビア大に入学する時は、小学校からの成績表を提出する必要があり、驚いた。急きょ日本から取り寄せ英文に訳して提出した。また推薦状が2通必要だった。1通は、私が養子になる時に仲人親になっていただいた武藤嘉文先生にお願いした。当時は農林水産大臣だったと思う。もう1通は京大の近藤教授に書いていただいた。

ALPは楽しかった。NYにあるコロンビア大内の寮に住んでいたので、ブロードウェーにミュージカルを見に出かけたり、NYの街を楽しんだ。学生時代から大好きだったサイモン&ガーファンクルが一時的に再結成し、NYでコンサートを開くことを聞きつけると、チケットを入手し、セントラルパークの芝生の上で見たことも良い思い出となっている。

肝心の英語はというと、英語漬けの生活で1週間ほどすると頭が痛くなっていた。そんな時に日本人に会って日本語を話すとホッとし、頭痛も治まった。後で言われたことだが、「せっかく英語の頭になりかけているのにそんなことをしているとチャラになるぞ」と。英語の頭になっているかどうかは英語で夢を見るかどうかという。私は米国に行って8カ月後に初めて夢の中で「オーマイガッ」と叫んだことを覚えている。少し英語脳になったと思った。

コロンビア大内の語学学校・ALP で学んだ
（後列中央が筆者）

米コロンビア大で刺激的な日々を過ごす

コロンビア大学のビジネススクールは本当に勉強が大変だったが、刺激的でもあった。

1978（昭和53）年1月に入学した。最初は授業の3〜4割しか分からなかった。隣の米国人にノートを借りて、自分の理解を補填《ほてん》する日々だった。さらに半端のない量の宿題が毎週出た。例えば、ある週末、シュンペーターの分厚い本を読み、自分の考えをレポート3枚にまとめてきなさいと出る。私にとってはまずは本を読み、日本語で理解する。次に日本語で自分の考えをまとめ、それを英訳する。さらにレポートはタイプライターで打つ必要があった。当時はまだワープロなどという便利な機器はなく私はタイプライターも打ったことがなかったので、一つの宿題を終えるのに乗り越える工程がたくさんあった。これだけ集中して勉強したのは大学受験前の夏休み以来だった。

コロンビア大はトリメスター（3学期）制で、私のように1月入学のほか、4月、9月にも入学できた。当時、日本人は20人弱いたと思う。日本銀行や三菱商事、トヨタ自動車など大企業の優秀な人が来ていた。韓国からは現代工業の鄭夢準（チョン・モンジュン）さんがいた。のちにサッカーの日韓共催ワールドカップの韓国側の代表を務めた人で、お互いノートを見せ合った。

当時、米国はベトナム戦争の終戦から社会不安を抱え、元気がなかった時代。一方、日本は高度経済成長を遂げ、世界に打って出る勢いがあった。大学では日本から学ぶことが多いということで、日本の商社や通産省などを学ぶ講義があった。大国のプライドを捨てて優れていることを吸収しようという米国の姿勢は素晴らしいと思った。

大学の講義はケーススタディーで勉強する。例えば、建機メーカーのコマツの世界戦略を米メーカー・キャタピラーと比較して学ぶ。自分がトップだったらどう判断するか、グループでディスカッションする。米国人はプレゼンテーションがうまい。最初に笑わせて引き込み、それから自分の主張をして最後にもう一度笑わせる。コミュニケーション能力はトップにとって重要な能力だと思い知らされた。

コロンビア大は毎週、授業が終わる金曜日の午後に企業訪問するツアーを企画していた。モルガンスタンレーやゴールドマンサックス、ＩＢＭなどニューヨークにある名だたる大企業のトップから話を聞いた。米企業の雰囲気を感じる貴重な経験だった。

コロンビア大の構内

米国の企業経営を間近で見る

コロンビア大学のビジネススクールは20科目の単位取得で卒業できた。私は1学期4科目ずつ取得し、1979（昭和54）年6月に卒業することができた。その間、7、8月と2カ月間の長い夏休みがあり、多くの学生はサマージョブとして働く。私は先代に頼んで、トーカイの取引先の子会社でコロラド州デンバーにあるアメリカンリネンサプライで働いた。

同社の営業担当者に同行したり、工場に入って運営を見たりと、米国の会社の経営を間近で見ることができた。ただ、始業が午前6時半からで、午後3時に終わることには驚いた。従業員は仕事が終わった後に野球やゴルフなど何かをすることが多かった。営業担当者もノルマはあったが、達成しそうになると目標が上がるから、この辺でやめておこうという雰囲気だった。日本と違い仕事一辺倒ではなく、おおらかだった。

ロッキー山脈の麓に広がる大自然も素晴らしかった。私はデンバーのＹＭＣＡから同社に通っていたが、当時はまだ都市部に日本食レストランが少なかった。牛丼の吉野家を見つけ、懐かしいしょうゆ味を求め、随分通ったことを覚えている。

渡米して２年１カ月、ＡＬＰから始まり、ビジネススクール、その間のサマージョブと充実した生活を過ごした。ビジネススクールで学ぶ日本以外のアジアの留学生は帰国して自分の国に貢献するという志の高い留学生であり、大いに刺激を受けた。

ビジネススクールの授業では、当時既にＭ＆Ａ（企業の合併・買収）の資本的な考え方も学んだが、マーケティングの中で、事業には導入期があり、成長期、成熟期、衰退期というサイクルがあるということも教わった。

導入期は、売り上げは上がらないが、投資が必要になる。成長期は、利益が出始めるが、まだ投資は必要だ。成熟期になると一番もうかってそれほど投資は必要なくなる。そして衰退期になると投資は必要ないが、売り上げが徐々に落ちていく。事業に永続性はないが、企業には永続性が求められる。自社の事業がいまどの時期にあたるのかを見極め、会社としてのバランスを常に気を付ける。そして成熟期に新たな事業となる芽を育成する重要性を学んだ。

アメリカンリネンサプライの社長(左)と

会計事務所・法律事務所での苦労が肥やしに

帰国して、９月から翌年３月までの約半年間、岐阜市の老舗会計事務所である所会計事務所に出向した。先代からみたら、数字が読めないと経営なんかできないだろうという思いがあったのだと思う。コロンビア大学ビジネススクールで米国の簿記は勉強していたが、日本の決算書を見るのは初めてだった。

業務の中で、決算書を作成することはほとんどなかったが、多くの企業の決算書を見せてもらい、税務上の会計処理がきちんとされているかを確認した。決算書を見る中で、いかにもうけることが難しいかを知った。利益を出しているのは４割程度だった。

所先生はマージャンが好きで、よくご一緒した。トーカイもマージャン好きが多かった。先代が大好きで、年末には雀荘を借り切って、社内で大会を開き、取引先も招いて盛大に開催していた。トーカイは3人打ちだった。回転が速く、流れをつかむのが大事で、真剣勝負だから、その人の人間性が分かって面白かった。

会計事務所の出向を終え、4月から川島和男先生の法律事務所にお世話になることになった。川島先生は素晴らしい人で、父親が42歳で亡くなられたこともあって岐阜農林高校の定時制を卒業し。民間会社で4年間働いた後、尾西市役所に勤められた。このままではと一念発起し、中央大学の通信に入り、独学で勉強して司法試験に合格した努力の人だ。

先代から法律事務所で商法や民法の部分で契約について勉強してきなさいという思いと、川島先生の生き方を学んで来いという思いだったと思う。川島先生は「岐阜さくらの会」を立ち上げ、世界中のいろいろな場所に桜の木を植える活動もしていた。もともとは先生の同級生で映画監督の神山征二郎さんが、映画「さくら」を発表したかららしい。「さくら」は太平洋と日本海を桜でつなぎたいと活動した佐藤良二氏の生涯を取り上げた映画だ。

私もさくらの会に入会しているが、川島先生からは「桜は暖かければ花が咲くのではない。厳しい冬の時期に大変寒い日を過ごすことで芽が覚める『休眠打破』がないと、咲く時期は遅くなる」と教えていただいた。先生は苦労して弁護士になられた。人も桜と同じで、苦労が肥やしとなってきれいな花を咲かすことができる。そういう生き方を教えていただいたと思っている。

川島先生が岐阜県庁で植樹をした時の様子

第三章　先代の歩みとリースキン事業

私のレポートを評価してくれた先代の歩み

会計事務所と法律事務所を半年ずつ経験して、１９８１（昭和56）年４月にトーカイに戻って来た。配属先は子会社の日本リースキンだった。67年にモップなどの乾式清掃のリースキン事業を始め、急速に事業を拡大している時期だった。全国にフランチャイズチェーン（ＦＣ）展開しているため、本部として加盟店に新しい商品や営業方法を紹介したり、拡販のキャンペーンを企画する仕事だった。

ただ、本格的に業務に取り組む前に先代からコロンビア大学で何を学んできたのかレポートを書けという宿題が出た。その時に書いたのがビジネスにはサイクルがあるという内容だ。

当社は当時、布団の貸し出しや病院向けリネンサプライ、リースキン、貸衣装、冠婚葬祭などさまざまな事業を展開していた。それぞれの事業がビジネスサイクルの導入期、成長期、成熟期、衰退期の中のどの時期にあるのかを分析し、当社として何が足りていないのか、そしてこれから何に力を入れるべきか、という内容をA４用紙、３枚でまとめた。

先代は私のレポートを読んで、事業をそういう視点で見ているのかと評価してくれた。先代は、事業はいずれ衰退する。だからこそ次の時代にあった商売をしないといけない。そんな思いを感覚的に持っていたのだと思う。それまでの自分のやり方が学問的に間違っていなかったと確認でき、喜んでもらえた。

ここで少し、先代の歩みを触れておきたい。当社の設立の経緯にもなる。先代は、大阪工大時代にすでに岐阜の和傘を売るなど、商売の面白さを分かっていた。大学を卒業した後、岐阜の建設会社の寺島組に入社したが、いつかは独立したいという思いを抱いていたようで、常に何が商売になるのかを考えていた。

和歌山で橋を建設する現場監督を務めていた時、現場の作業員が寝泊まりする飯場《はんば》で使う布団をわざわざ布団屋に借りに行っていた。先代は考えた。今後こうした現場が増えるから、飯場で使う布団のニーズも高まる。だったら、布団屋が飯場に売り込めばビジネスになるのではないか。出入りする布団屋に聞き取るなど、まず布団はどう作るのか。どうやって回収してきれいにするのか。どのくらいの単価が必要なのか。徹底的に調べ、大学ノート3冊にまとめ上げ、55（昭和30）年、独立を決意した。

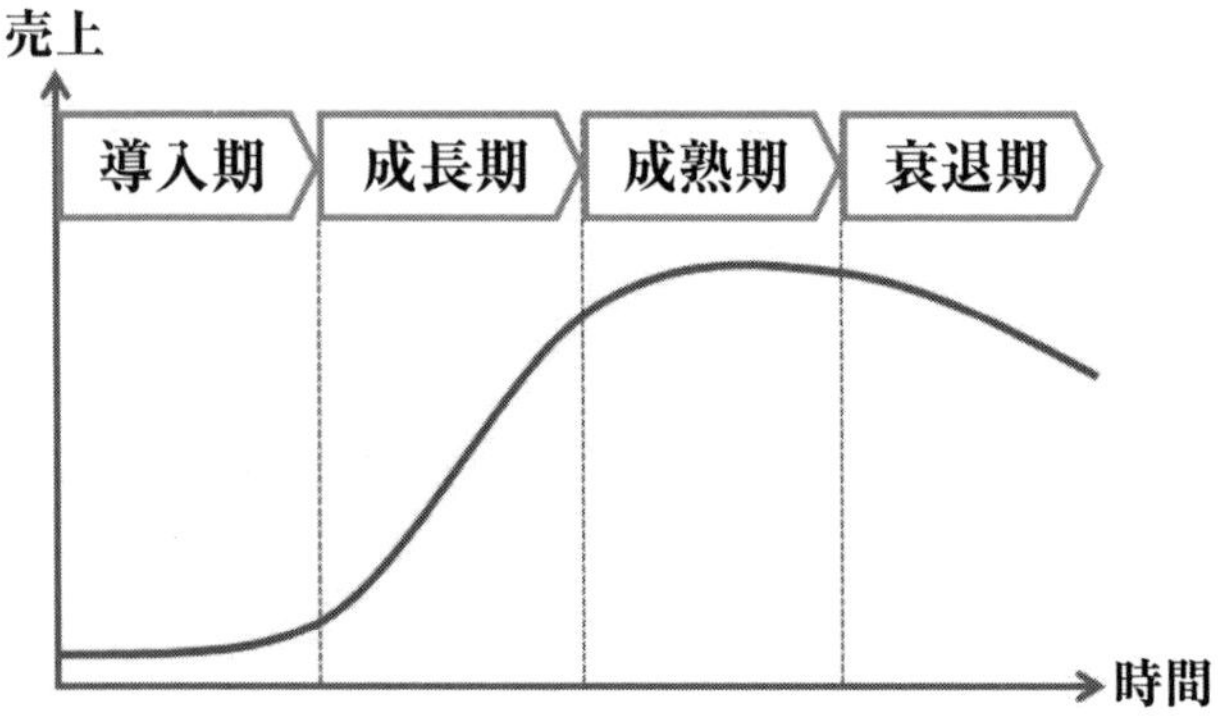

当時書いた図

東海綿業を設立してからの先代の事業展開

1955（昭和30）年、先代は30歳の時に貸布団業の東海綿業（現トーカイ）を設立した。徹底的にマーケティングを行い、満を持しての独立だったが、最初は全然見向きもされなかったようだ。

最初の顧客は建設会社ではなく、岐阜の老舗料亭の「宮房」で、布団ではなく座布団だった。女将さんによくしてもらい、初めて納品に伺った時に女将さんから「お客さんは表から入るが、納品する人は裏から入らないといけませんよ」などと、商売の原点を教えていただいたと聞いたことがある。

座布団から始まり、徐々に取引先は増えていたが、成長の転換点となったのは大日本土木の専務であった小池武夫さんと出会えたことだった。初めての大口取引先になっていただいた。

事業をスタートした昭和30年代はまさに建設ブームだった。高速道路やダムなどそれぞれの建設現場で飯場ができ、布団の需要は右肩上がりに増えていた。ただ、一方で建設現場では機械化が進み、工期が短くなり、働く作業員の人数も減り出してきた。工期が半分に短縮され、人員も半分でよくなると布団の需要は4分の1に減る。このままではじり貧になると先代は相当危機感を持っていたのだと思う。

そこで病院向け寝具のリースにチャンスを見出した。当時は入院するときは患者自身が寝具を持ち込むのが当たり前だった。だが、ダニやシラミなどがいて不衛生で院内感染の可能性があることから、法律として病院は清潔な寝具を用意しなければいけないという基準寝具という法律が成立し、まさに動き出そうとしていた。

ただ、病院向け寝具に乗り出すことを役員会に諮ったところ、猛反対。いま建設現場向けが順調なのに、病院で使用した布団を誰が借りたがるのかという主張だった。先代も〝瞬間湯沸かし器〟と言われるほどで、一人でもやるから、反対するなら辞めてもらって構わない、とたんかを切った。実際、本当に辞められた役員もいた。

病院向け寝具は、法律に基づく新しいビジネスだから、どの会社もスタートラインは一緒だった。勝負は、この事業に対する意欲や勢いで決まると考えた。この時にお世話になったのが岐阜市の山田病院の山田光雄先生。多くの取引先を紹介していただいた。事業開始時に必ず応援してくれる人に出会うことができ、先代は感謝していた。

創業当時の東海綿業本社

自社でリースキン事業を始めた先代

新たに取り組み始めた病院向けリネンサプライ業が順調に伸びていた時、長谷虎紡績の長谷専務から、「ダスキンさんが米国ではやっている乾式清掃のレンタルモップで業績を伸ばしている。（ダスキンの）加盟店にならないか」と紹介されたようだ。ここからが先代のすごいところで、どうせやるなら自分たちでと考え、乾式清掃について特許などを徹底的に調べ、自社でリースキン事業を始めた。

先代はまさに起業家。新しい事業を立ち上げる意欲は尋常ではなかった。病院向けリネンサプライ参入の時と同様に役員会で、油を付けた雑巾で誰が掃除しますかと、反対された。ただ、起業家としての目でこの事業はいけると確信があったのだと思う。

祖業の貸布団業、病院向けリネンサプライ業、リースキン事業の三つともレンタルビジネス。このビジネスはある程度事業が大きくなると順調に回るが、立ち上げ時が大変だった。特に資金繰りが大変で、資材の原価はその期に経費として計上するが、毎月のレンタル代金では到底賄えない。どの事業も始めた頃は、伸ばせば伸ばすほど赤字になった。当時、銀行にはレンタルビジネスの収益構造を理解してもらえず、どうして忙しいのにもうからないのかとよく指摘を受けた。先代は親類に資金の工面をお願いしたが、なかなかうまくいかず、一時従業員に株券を渡していたこともあった。レンタルビジネスはキャッシュがないと商売ができない。だから、先代は銀行とはいい関係を持てと口を酸っぱく言っていた。

リースキン事業の取り扱いは、はじめはモップだけだったが、玄関マットも加わり、需要は一気に拡大した。モップが家庭用だったのに対し、玄関マットは業務用で、店舗や工場の玄関に敷くことで、それ以降汚れを持ち込まないから、引き合いは強かった。

先代は当時、病院向けリネンサプライの団体「一般社団法人日本病院寝具協会」の理事を務めていた。同協会の理事を務める同業他社の経営者に新しい商売としてリースキンの地方本部をやらないかと誘った。それぞれ洗濯工場を持っていたこともあり、参入しやすいと考えたからだ。こうして北海道から九州までの営業基盤を整えた。

創業時のリースキン事業の関係者(前列中央が先代)

リースキン営業部で加盟店から商売の厳しさ学ぶ

私が日本リースキンに出向した時、リースキン事業はすでに地方本部を各地域で立ち上げ、営業体制を構築し、破竹の勢いで成長を遂げている時期だった。私は営業部に配属され、28歳で営業部長に就いた。

当社の従業員は私を社長の息子として理解しているが、フランチャイズチェーンの地方本部やその傘下の代理店には一切関係がなかった。営業部の重要な仕事として、拡販のキャンペーンや商品の内容など営業方針を地方本部や代理店に伝える説明会を定期的に各地域で開催し、説明会後は必ず懇親会を行っていた。

忘れもしないが、ある懇親会の前にトイレに行くとたまたま代理店の経営者が横に立った。「息子かもしれんが、お前が言うように説明したらお客さんは喜んでくれるのか。俺はまったく信用していないからな」と厳しい一言があった。

それぞれの地域の代理店の経営者は自ら顧客を開拓し、従業員も雇っているという自負がある。入社したばかりの28歳の若造に商売の厳しさが分かるのかという思いだったと思う。確かに営業方針は本部である当社が決めるが、どのようにお客さまに説明し、契約をしてもらえるかはそれぞれの現場で違う。アイデアを駆使して売る現場の情報の方がはるかに有益だった。地方本部の幹部や代理店のオーナーから商売の厳しさなどを教えてもらったと思っている。

私が日本リースキンに出向した1980年代は、乾式掃除のダストコントロールの市場が2桁の伸びで成長を続けていた時期だった。例えば、当時、工場の入り口に玄関マットが必要かどうか、責任者も半信半疑だったと思う。そんな中、先行して参入していたダスキンや当社、競合のサニクリーンが入れ代わり立ち代わり営業で訪問する。そうなると責任者も理解を示してくれる。同業がお互い競合し合いながら、ダストコントロールの理解、普及を進めていたからこそ、市場そのものが拡大したのだと思っている。世界中でダストコントロールが最も普及しているのは日本である。発祥の米国ですらそこまで普及していない。

リースキン事業の営業部長を5年ほど務めた。市場が拡大する事業環境の中で仕事ができ非常にやりがいがあり、面白かった。その後は先代の悲願である株式上場に向け、上場準備室長をやれと辞令を受けた。

乾式清掃のリースキンモップ

お見合いで一目惚れ。押しの一手で結婚へ

米国から帰国し、数年たち、私はそろそろ結婚を考えていた。ちょうど同じころ、当時、東海銀行（現三菱ＵＦＪ銀行）の岐阜支店長だった宮崎亨一さんから先代に私の結婚話が持ち込まれた。相手は東海銀行の大口取引先である川島紡績の川島精市さんからだった。ガチャマン景気で川島紡績は業績を伸ばし、岐阜屈指の企業だった。精市さんからは、長男の秀雄さんの４人娘の次女・民子さんの相手に誰かいないかと言う話だった。

精市さんは岐阜商工会議所の副会頭を務めるなど岐阜経済界の重鎮の一人。仲人は商工会議所会頭の大日本土木の安田梅吉さん夫妻にお願いした。当初、民子は乗り気じゃなかったようだ。私は私で見合いの日、風邪をひいてしまいお互い安田さんにお見合いは止めようと当日伝えた。ただ、安田さんの奥さま

のいせさんがとにかく顔だけは出しなさいと2人を説得し、会うことになった。奥さまの強硬な姿勢がなかったら、2人は会っていなかったと思う。

民子は断るつもりだったようだが、私は会って一目ぼれした。そこからは一生懸命押しの一手。毎日電話して、週末は、犬山城や京都などへデートに誘った。お見合いが1月15日の「成人の日」だったと記憶している。2月末には民子も、私でいいかなという思いを持っていてくれたようだ。

結婚式はその年、1983年の12月5日に挙げた。先代は商工会議所副会頭の孫娘を頂いたこともありうれしかったのだろう。大々的にやろうという思いだったようだ。お披露目となる披露宴は計3回行った。まずは岐阜グランドホテルで約500人を招待した。安田夫妻に仲人をお願いし、司会は遠い親戚にあたる俳優の天野鎮雄さん、愛知県出身のフォークソンググループのチェリッシュも呼んだ。同じ日の夜はホテルパークで、従業員向けのお披露目となり約

200人が出席した。3回目は、新婚旅行のハワイから帰国して、横浜で関東の従業員など約150人を招いて行った。

民子はとても家庭的で人付き合いを大事にする性格。最初は先代夫婦と別に住む話だったが、結局同居することになった。当時はまだ祖母もいたから、日中は祖母と母、民子と3人になったが、本当に一生懸命やってくれてみんなから慕われ、ありがたかった。

結婚写真

第四章　ＪＣでの国際活動、先代の夢「上場」を支える

岐阜青年会議所に入り冬の五十鈴川で禊

岐阜に縁もゆかりもなかった私に人脈が必要だという思いから、先代から岐阜県経営者協会青年部への入会を勧められた。さらに岐阜青年会議所（ＪＣ）にも入った。先代も若い時にＪＣに入会し、その時に川島紡績の川島秀雄さんや岐阜新聞の杉山幹夫さんと一緒になって活動した経験があり、ＪＣの良さを知っていた。

ＪＣには委員会があり、それぞれ事業を行う。予算を作り、内容を議論して実際に実行する。そして事業の決算も作る。いうならば、新規事業を1年という期間で完成させるということで、大変勉強になった。また、委員長になるとリーダーシップを発揮し、まとめ上げないといけない。会社だったら給与をもらっているから上司の指示に従うが、ＪＣはそれぞれ会社が違う。給料が出ているわけでもない。委員長が嫌だったら委員会にも出てこない。どうやってまとめ上げるか。そういう意味では委員長の人間力が問われた。

JCに入ってすぐ伊勢青少年研修センターに出掛けた。新入会員の研修で、まず禊《みそぎ》をする。1月だったと思う。午後8時に伊勢神宮を流れる五十鈴川に行き、白装束になって拝みながら体半分ぐらいまで水に浸かる。3分ぐらいだったかもしれないが、1時間ぐらいに感じた。研修では感謝する気持ちや、いまあるのは父母がいるからこそ、などを学んだと思うが、五十鈴川の禊の思い出が強烈だった。30人ぐらい同じ経験をしたことで、一気に距離が近くなったことを覚えている。

JCは、事業を行っていく上でさまざまな役割を担う。最初は単なるメンバーだが、副委員長、委員長、そして理事になる。理事になると理事会に出席し、各委員会が何を行うのか、それは正しいのか検討する。そして、次に副理事長、理事長となる。私はそれぞれの役割を経験し、36歳の時に理事長を務めた。ちょうど、その時が岐阜ＪＣの創立40周年の節目の年で、記念事業などを行った。さらに、岐阜ＪＣから日本ＪＣ会頭として川島偉良さんを輩出した。

ＪＣ活動では委員会の後によく飲みに行っていた。岐阜で一番のクラブだった「クラブはる」は、岐阜の経済界が集まる場所で夜の商工会議所とも呼ばれたクラブ。ＪＣ時代はまだ若かったのでお金もないから、将来の見込み客として半額ぐらいで飲ませてもらった。

JC ではさまざまな事業に携わった

日本ＪＣに入り、インドなど国際協力に汗をかく

岐阜青年会議所（ＪＣ）に入って、3年ぐらいたった時、先輩から「日本ＪＣに行ってくれないか」と打診を受けた。日本ＪＣとなると、全国から若手経営者が集まってきており、岐阜ＪＣとはまた違った刺激を受けることになった。

日本ＪＣでは、国際協力委員会と国際アカデミー特別委員会の二つの委員長を経験した。国際協力委員会では、世界の最貧国でもあるバングラデシュの人たちがきれいな水を飲めるようにしようと資金面だけでなく、井戸を掘るための技術的なノウハウを伝える支援を行った。バングラデシュは昔、漁網のもととなるジュードが栽培され〟黄金のベンガル〝といわれていたが、イギリス統治下、地元への人的な投資を一切行わなかったために最貧国となったというこ

とを知った。国が繁栄するための人的投資がいかに重要かを学んだ。

国際アカデミー特別委員会では、世界の若手経営者を日本に招き、リーダーシップ研修を行った。各国の将来のリーダーを育成する研修事業で毎年開催している重要な事業の一つであった。私が委員長だった当時は、１９８０年代で日本に勢いがあった時期でもあった。世界中から日本に来たいという声が多く、世界40カ国から約50人は集まったと思う。日本ＪＣは何か事業をやろうと思うと、全国から集まって準備をする必要があり、非常に大変だったが、みんな一緒になってやってくれ、ありがたかった。

日本ＪＣから、ＡＰＤＣ（アジア・パシフィック・ディベロップメント・カウンスル、アジア太平洋開発協議会）にも出向した。ＡＰＤＣは、アジア太平洋地域でＪＣがまだない国を訪問し、ＪＣを作ってもらうため、活動内容を説明する団体。メンバーはカウンセラーとなってそれぞれ対象国を持ち、実際に訪問して活動する。

私はインドを担当した。ニューデリーから入り、当時はまだＪＣがなかったから現地の商工会議所の青年部の人たちと交流した。車で南部のバンガロールまで移動しながら、1週間ぐらい普及に努めた。40年近く前のインドは貧富の差が激しく、深刻な環境問題も抱えていると感じた。夕方、車でバンガロールに着いた時、まだ日が暮れるにしては早いと思って隣の人に聞くと、これはスモッグだという。街にはインドの自動車メーカー、タタ製の自動車が排気ガスをまき散らしながら走っていた。

バングラデシュを支援した（右から３人目が筆者）

財務官僚内海さんのかばん持ちを2回経験

先代が京都にある大徳寺大仙院の南岳和尚と遠い親戚ということもあり、当時、大徳寺の株式会社でいう社外取締役のような役目を務めていた財務省財務官の内海孚さんと懇意にしていただいた。

内海さんと南岳和尚の付き合いは古い。内海さんが東京大学に入って授業がそれほど面白くなかったので、禅宗を学びたいと京都の大徳寺を訪れ、その時にたまたま出会ったそうだ。南岳和尚から、まだ若いから座禅を学ぶ必要はないと言われ、これは面白い人だということで付き合いが始まったという。

内海さんは東大を卒業され、大蔵省（現財務省）に入省された。主税局を中心に歩まれ、後に財務官となった。固定相場制から変動相場制に移行し、経済のなかで為替が重要な要素になる中、国際金融局長、財務官として活躍されていた。

私が内海さんと出会ったときは財務官をされていた。先代との関係から、私がまだ修行中の身ということを知り、見聞を広め、人脈をつくるためにも「中南米経済投資環境調査団」に一緒に来ないかと誘われた。当時、中南米各国は経済破綻し、困窮しており、日本からの投資を期待していた。1992年、内海さんが日本政府の代表となり、日本からは東海銀行の熊崎皓一取締役(当時)らメガバンク各行の幹部や日産自動車の塙義一副社長(同)ら経済界を代表する人ばかりで構成し、私は内海さんのかばん持ちの一人として帯同した。

調査団は約30人で、2週間ぐらいで南米各国を訪問した。いずれの国でも国賓扱いで、飛行場に到着後、税関検査などはなく、飛行機に横付けされた車に乗り込み直接ホテルに向かった。ベネズエラのペレス大統領ら各国首脳と懇談し、日本としてできることなどを協議された。

内海さんは英語とフランス語が堪能で、各国政府代表と話されていた。私は官僚の世界を知らなかったから、国を代表される姿に感銘を受けた。同行された経済界トップの人たちとの立ち居振る舞いも大変勉強になった。94年にはオーストラリア・ニュージーランドの調査団にも参加し、かばん持ちは2回経験させていただいた。

内海さんのご紹介で、当社の瑞浪トーカイカントリークラブにおいて、Ｇ７の財務閣僚会議を開いていただいた。いつも都会のホテルの中でやっているのでたまには地方できれいな自然を見ながらやったほうがいい案が出るのではないかとのことで活用いただいたと思う。為替レートが急激に変化する中、議論は白熱し、会議だけで結論が出ず、帰りの新幹線の中でも議論をされたと後からお聞きした。

「中南米経済投資環境調査団」の時の内海さん(左)と筆者

上場準備室長としてプロジェクトチームを結成

先代の夢の一つが会社を株式上場することだった。まだ、売上高が1億円にも満たない時に上場を宣言し、ほかの役員からはできるはずがないと思われていた。しかし寝具リネン事業からスタートし、病院関連事業、リースキン事業と順調に進みだし、本格的に上場するために準備室を設けることとなった。総務本部長に就いていた私が上場準備室の室長に就いた。

上場するためには組織体制の透明性などしっかりと整備しなければならなかった。トーカイと子会社の資本や役員関係など、どのような役割分担で、だれが責任者なのかその仕組みを名古屋証券取引所に提出する上場申請書にすべて書く必要があった。

上場準備室はプロジェクトチームで、メンバーは通常業務を午後5時半に終えた後に集まり、毎日3時間から4時間かけて資料作りを行った。私は入社してリースキン事業しか経験していなかったこともあり、上場申請書をまとめ上げる中で、寝具リネン事業や病院関連事業の顧客構成や組織がどうなっているのか、どこで収益を上げているのかをはっきりと把握することができ、大変役立った。

上場を準備する段階で、野村証券子会社のベンチャーキャピタル・日本合同ファイナンスから株式を持たせてもらえないかと相談があった。社長は今原禎治さんだった。まだ日本にベンチャーキャピタルという概念がなく、草分け的な存在だった。

今原さんとは米国のベンチャー企業がどのように成功しているのか米国に一緒に視察に行った。いくつかベンチャー企業を訪問したが、一番勉強になったのはベンチャーキャピタリストの存在だ。米国では会社を創業して上場するとある段階で株式を売却して、投資家になる。単なる投資ではなく、これまで築いてきたその業界の知識や人脈などをベンチャー企業に積極的に提案し、バックアップする。そうすることによって投資した会社の成功率が上がる。

日本でもこうしたベンチャーキャピタリストがでてくることが、ベンチャー企業の成功を左右すると思う。日本では上場した後に株式を売却したら無責任だという風潮がある。そうではなく、米国のように売却した利潤で次の人を育てる。そういう循環が必要なのだと思う。日本では本当のベンチャーキャピタリストは唯一ソフトバンクの孫正義さんだけではないだろうか。

名証上場と同時期に完成した現本社ビル

名証2部上場。先代の夢が実現し公的企業に

１９８８（昭和63）年12月、名古屋証券取引所市場第２部に無事上場することができた。先代の夢であり、私は上場準備室長として、一から準備をしてきたこともあり、感慨深いものがあった。

先代に上場後の気持ちを直接聞いたわけではないが、後日、新聞のインタビューの中で「私的企業から公的企業に変わると同時に私もオーナー社長からサラリーマン社長になったが、企業にとっては大きなメリットだった。社会的にも信用度が高まり、資金調達力も増大したこと、また、イメージアップと宣伝効果により知名度も向上し、優秀な人材の確保や情報収集が容易になった。上場メリットは計り知れない」とつづっている。

私は上場して何か変わったかというと少し拍子抜けしたところがあった。新

聞各紙で取り上げられたぐらいで、会社としては上場したからといってあまり変わったことはなかった。ただ、上場企業となったことで、これまで金融機関からの借り入れに対して、先代は自宅や資産を担保に入れていたが、それがすべて外された。先代としては何としても借金を返済しないといけないという思いがあったと思う。そういう意味では肩の荷が下りたのかなと思う。

90年3月には主幹事証券の日興証券からの提案を受け、スイスフラン建て転換社債を発行し、資金調達もした。

ただ、上場という目的は達成したが、株式の流動性が低かった。ちょっと売買があったら株価が大きく変動する状況で、株主にとってもよくないと当初から課題として認識を持っていた。私が社長になってから、東京証券取引所市場第2部や第1部、そして東証プライム市場への上場に向け取り組んだ。おかげさまで、当社の株式の取引株数は10倍以上となった。現在は株主構成で外国人の比率は12％ぐらい。少子高齢化が進む日本で、ヘルスケア事業に取り組む会社として評価していただいていると思っている。

なお、上場を果たした翌月、89年1月に現在の本社ビルが完成した。岐阜初の14階建てインテリジェントビルとして、冷暖房効率など地球環境に配慮した工夫を取り入れた。当社としては大きなエポック的な時期だった。

名証上場の様子

第五章　トーカイの様々な事業展開

バブルの中、瑞浪トーカイカントリークラブ（CC）が大成功

１９８０年代前半、先代の特攻隊の同志で作っていた「滋賀空15期会」の一人から瑞浪にまとまった土地があるから、ゴルフ場開発をやらないかという話が持ち込まれた。学生時代に土木を学んでいた先代は、山を見てどこを削ればゴルフ場にできるか何となくイメージができたのだろう。常に新しい事業を考えていたから、既存事業とは毛色が違うが、面白いと参入を決めた。

時代はバブル経済。ゴルフブームもありプレーの予約がとれないから、会員になりたいというニーズが高まっていた。ただ、先代は慎重だったと思う。参入は決めたが、後発のゴルフ場として何か特色を打ち出さないといけないと考え、温泉を掘り、40人ぐらいが泊まることができるホテルも建設し、温泉宿泊

施設付きゴルフ場として打ち出した。

さらに、ゴルフを気軽に楽しめるようにインストラクターを養成してはどうかと思い当たり、87年、学校法人トーカイ学園「日本女子ゴルフ学校」を開校した。日本初の女子プロを育てるための専門学校で全寮制だった。当時はゴルフブームもありキャディーが不足していた。後に、プロを目指す若い女性がキャディーを務めてくれることも評判を呼んだ。

翌88年7月、開発を進めていたゴルフ場「瑞浪トーカイＣＣ」がオープンした。ゴルフニーズの高まりもあり、会員権は1口３８０万円だったが、２千人募集して1週間で完売するほどの人気だった。

ゴルフ場の運営事業は、会員権の預かり資産で設備投資分を回収するビジネスモデル。３８０万円×２千人＝76億円で土木工事も施設建設も行う。完成したら、人件費などの運営費はプレー代で賄うことになる。

瑞浪トーカイＣＣは人気が高く、３８０万円の会員権は値上がりを続け、１千万円まで高騰していた。さらに、日々、たくさんのお客さんが来場し、売り上げを伸ばしていたから、トーカイグループの経営に貢献し、大成功を収めていた。ただ、預かり資産は10年後には返還要請があれば、返金する必要があった。返還を求めてくる会員はいないだろうという想定が、大きな間違いを生むことになる。

開校した「日本女子ゴルフ学校」

バブル崩壊を受け、ゴルフ場事業の撤退を決断

瑞浪トーカイＣＣが大成功を収めたことで、次もという話になった。広島の建設会社・フジタと高山の建設会社・金子工業からゴルフ場開発の話が持ち掛けられた。

二つの話があった時期は、すでにバブル経済が崩壊し、土地やマンションに加え、ゴルフ会員権の価格も値下がりしている時期だった。そんな中で会員権が売れるのかという不安があり、役員会で新たなゴルフ場の開発を決議するとき、私は反対した。すると、先代から「お前はそんなことを言うが、事業として何一つ成功していないじゃないか。そんなこと言うんなら、お前なんか養子でも何でもない。彦根に帰れ」と一喝された。そんな社長の言葉に、他の役員は何も言えなくなってしまった。

二つの開発が進み、広島のゴルフ場は1996年に「水明カントリークラブ（CC）」、高山は98年に「上宝トーカイカントリークラブ（CC）」としてオープンした。ただ、危惧した通り、バブル崩壊後でゴルフブームも去ったことで、思うように会員権が売れなかった。特に水明CCは島根県との県境にあり、広島市からのアクセスに難点があった。ただ、山紫水明から名前を付けたこともあり、私は三つの中では一番美しいゴルフ場だと思っている。上宝トーカイCCは高山の平湯温泉と同じ標高で近くにスキー場もあった。どうしても雪の影響でプレーできる期間がゴールデンウイークから10月までの約半年となってしまい、稼働する期間がそもそも短かった。

98年に私が社長に就任し、ゴルフ場事業から撤退を決めた。まず、水明CCは民事再生法を申請した。2千人の会員権募集に対して最終的に400人程度だったから、経営的には厳しかった。上宝トーカイCCと瑞浪トーカイCCは、当社の本業の営業地域でもあり、何とかという思いもあったが、結果的には立ち行かないと判断した。上宝トーカイCC単独では売却できなかったので、経営的にもまだ堅調だった瑞浪トーカイCCとセットで売却した。預り金については50％の返還を行った。多額のキャッシュが必要となったが子会社の一つを売却して乗り越えた。当時ゴルフ場の民事再生の場合、預かり金の返還はほとんどない中で、多額の赤字を出すこととなったが、信用・信頼という財産を得ることができたと思っている。

大成功した瑞浪トーカイカントリークラブ

ゴルフを通じた出会いでゲーリー・プレーヤーから学ぶ

ゴルフ場事業は結果として撤退したが、事業を通じてさまざまな素敵な出会いがあった。

日本初の女子プロ養成の日本女子ゴルフ学校には多くの夢を持った若い女性が集まった。当初は数年でプロが誕生すると思っていたが、そう簡単ではなかった。開校3年目に則武徳江先生に来てもらい、ようやく徐々にプロテストに合格する学生が出てきた。最終的には学校から23人のプロが誕生し、そのうち6人がツアーで優勝している。

天沼千恵子プロもその一人で、1シーズンに3回優勝したこともある実力者だ。彼女は中学を卒業し、自らプロになると決め、出身の静岡のゴルフ場専属の研修生として練習を重ねていたが、よい指導者もおらず、日本女子プロゴルフ協会の紹介で当校の門をたたいた。彼女たちの活躍から大いに力をもらった。

また、水明ＣＣと上宝トーカイＣＣを開発する段階で、ゴルフ場としての差別化を考えていた時にコロンビア大学の先輩に紹介を受け、ゲーリー・プレーヤーにコースの監修を受けることを決めた。彼は当時、ジャック・ニクラウスとアーノルド・パーマーと並ぶ〝ビッグスリー〟と呼ばれていた。ただ、南アフリカ共和国出身で、選手として一番脂がのっている時期に南アのアパルトヘイトの影響でトーナメントの出場ができず、不遇の時期を過ごした。その後、辛い思いを乗り越えてメジャー優勝も果たしている。

彼のプロ意識に感動したことがある。上宝トーカイＣＣのオープンに来てもらった時、玄関でお迎えして、案内していると、チェックインしているお客さんに歩み寄って自己紹介し、サインをしましょうかと自ら話を切り出してくれた。お客さんも感激していた。本当のプロは「お客さまあってのプロ」ということを体得しているのだなと感動した。

そして、午後6時からのパーティー開催を説明すると、食事前の30分はトレーニングするというルーティンがあり、30分遅らせてくれないかという。アルコールもコーヒーも一切飲まないということだった。プロゴルファーにとって唯一の資産は自分の体だということを教えられた。

親日家の彼に座右の銘を書いてもらったところ、アルファベットで「ＮＩＮＴＡＩ（忍耐）」と記した。アパルトヘイトによる苦境もそうだが、ゴルフもいい時も悪い時もある。悪い時に落ち込むのではなく、最小限のダメージにすることで次につなげる。そんな言葉をいただいた。

ゲーリー・プレーヤーと妻・民子

障害者の人たちが主役の三セク「サン・シング東海」

１９８１年の国際障害者年を契機に障害者に対する認識や理解が深まり、障害者の雇用対策についても議論となっていた。各県は、第三セクター方式で重度障害者多数雇用事業所の設置を迫られ、当社がリース用布団の洗濯工場で障害者を多数雇用していたこともあり、岐阜県から新会社設置の要請があった。

私は当時、総務担当役員で人事・労務を管掌していた。障害者が洗濯工場で健常者と一緒になって働いている現場を見ると、障害者の人が肩身の狭い思いをしているように感じた。また同じ現場で働いている健常者も障害者のペースに合わさざるをえず、生産性が上がっていなかった。これでは障害者と健常者どちらにとっても不幸だと思い、障害者が主役となり、障害者が一番働きやすい工場を造ろうと考えた。

94年、当社は岐阜県と大野町と一緒に第三セクター方式の新会社「サン・シング東海」を設立した。当社が過半数を出資した。社名の「サン」は太陽のように輝く未来ある企業に、岐阜県、大野町、当社の三（サン）者による出資を意味し、「シング」は取扱商品の中心となる寝具と歌（シング）を口ずさむ楽しい職場を期待し、「東海」は親会社のトーカイの名を入れた。

会社を設立してよかったのは、障害者の人たちが、自分たちが主役の会社だということに誇りを持ち、仕事に対して意欲的に働いてくれていること。一生懸命働いてくれて、経営状況も会社設立3年目で単年度黒字となった。当初はトーカイのリース用布団の生産でスタートしたが、同業他社の布団の生産を請け負うことになり、現在では全体の売り上げの2～3割は当社以外の仕事が占めるようになっている。

チャレンジ精神も旺盛で、布団のカバーを縫製するだけでなく、中に入れる綿打ちといった工程も1人でこなすなど、多能工化にも取り組んでもらっている。また、布団の生産だけでなく、ストロー枕の生産や病院用羽毛タッチ布団の洗濯事業も手掛けるようになった。現在では障害者33人、健常者23人の計56人が元気に働いている。

ほかの第三セクター方式の障害者雇用事業所の経営状況は難しいようで、ほとんど利益が出ていないという。ほかの市町村からの視察も多い。利益が出ないと会社として継続できないから、働く人も安心できない。これからもいきいきと働ける場を提供できればと思う。

サン・シング東海

まったくの新分野事業「たんぽぽ薬局」を設立

１９９０年代初頭、病院関連事業もほぼ頭打ちで、何か新しい事業を考えないといけないという中で、病院関連事業本部の河原照忠副本部長（当時）から薬局経営のノウハウを自社で開発し、単独で調剤薬局を設立したいという話があった。

当時、薬の処方と調剤を分離する医薬分業が本格的に始まろうとしている時期で、調査すると東京都や神奈川県などでは分業率が40％程度なのに対し、岐阜県は20％とまだまだ低かった。これは可能性があると判断し、新規事業として取り組むことにした。

会社設立に向け準備を進める中で、「布団屋さんが薬局？」と決して良い顔はされなかった。さらに、会社の代表者に薬剤師が必要ということが分かり、急きょ人選を進めた。たまたま前年に岐阜県病院薬剤師会会長を退任した大垣市民病院薬剤部長の早田道治さんがいて、白羽の矢を立てた。当社が早田さんを招聘《しょうへい》したことが広がり、薬剤師会を中心に衝撃だったようだ。早田さんには代表取締役専務として来ていただき、97年10月、「たんぽぽ薬局」の設立にこぎつけた。

まったくの新分野で期待と不安が交錯する中、記念すべき1号店は、岐阜市の長良整形外科病院の門前にオープンした。実はその1年前に私が交通事故で左腕を粉砕骨折し、長らく長良整形さんで治療を受けていた。院長先生にお世話になり、その中で調剤薬局の話をしたら、了解していただけた。現在でも、その1号店は営業を続けている。

何とか1号店をオープンできたが、苦労したのが薬剤師の確保だ。新卒を募集はするが、実績も歴史もないからなかなか来てもらえなかった。早田専務のお口添えで薬剤師として入社した後、病院で研修を行うカリキュラムを作った。その研修内容が好評で、次第に確保できるようになった。

トーカイといえば貸布団業というイメージがあり、社名にはあえてトーカイとは付けなかった。たんぽぽが風に乗って種を広げるように、会社も店舗を増やしていきたいという思いと、踏まれても強く成長する姿から逆境にも耐えていくという思いを込めた。

たんぽぽ薬局

一等地確保の戦略転換がその後の躍進に

たんぽぽ薬局は、とにかく会社を設立したので、店舗を増やさないといけないと懸命だった。病院であれ、個人のクリニックであれ、どのような医療機関でもと、やみくもに出店した。その結果、1日当たりの処方箋枚数が20～30枚しかとれない店がでてきてしまった。それでも1店舗当たり薬剤師を2～3人配置する必要があり、収益的にも厳しい状況になった。

そこで、根本的に出店戦略を変えた。薬剤師はどれだけでも採用できるのではなく、限られた財産と位置づけた。薬剤師にとっても働きがいのある職場にしなければ、事業の継続性を確保できない。出店戦略は、1日当たりの処方箋枚数を100枚以上と基準を決め、なおかつ、病院の門前となる一等地確保に最善を尽くすことにした。今思えばこの戦略転換がその後の躍進に大きく寄与したと思う。

例えば、大病院の場合、どこに出店するか立地によって、処方箋の応需枚数に大きな差が出る。外来患者が通る一等地と、そのとなりの2番手の立地では患者数は半減してしまう。どこが一等地か、外来患者の動態調査などで見極めることに力を入れた。

現在、中部、北陸、関西、四国に計158店舗を展開している。ドラッグストアとの競争が激化しているが、当社の強みは、病院の門前で一等地に出店していることだと思っている。それぞれの病院で処方される薬を100%用意している。病院や医師によって処方する薬も異なるから、郊外の調剤薬局だと複数の病院の処方箋に対応する必要があり、なかなかすべてに対応することが難しく、薬がないので明日取りに来てくださいということもある。

さらに、当社ではがんや糖尿病などさまざまな専門の薬剤師がいて相談できる体制を整えており、かかりつけの薬剤師として信頼関係を構築している。

現在、地域の特別養護老人ホームなどの高齢者施設に入居している人や在宅患者向けの薬を届けることにも力を入れている。また、店舗を拠点として、健康をテーマとした講習会を地域の方を対象に開催している。門前の病院の患者さんだけでなく地域で必要とされる薬局を目指していきたい。

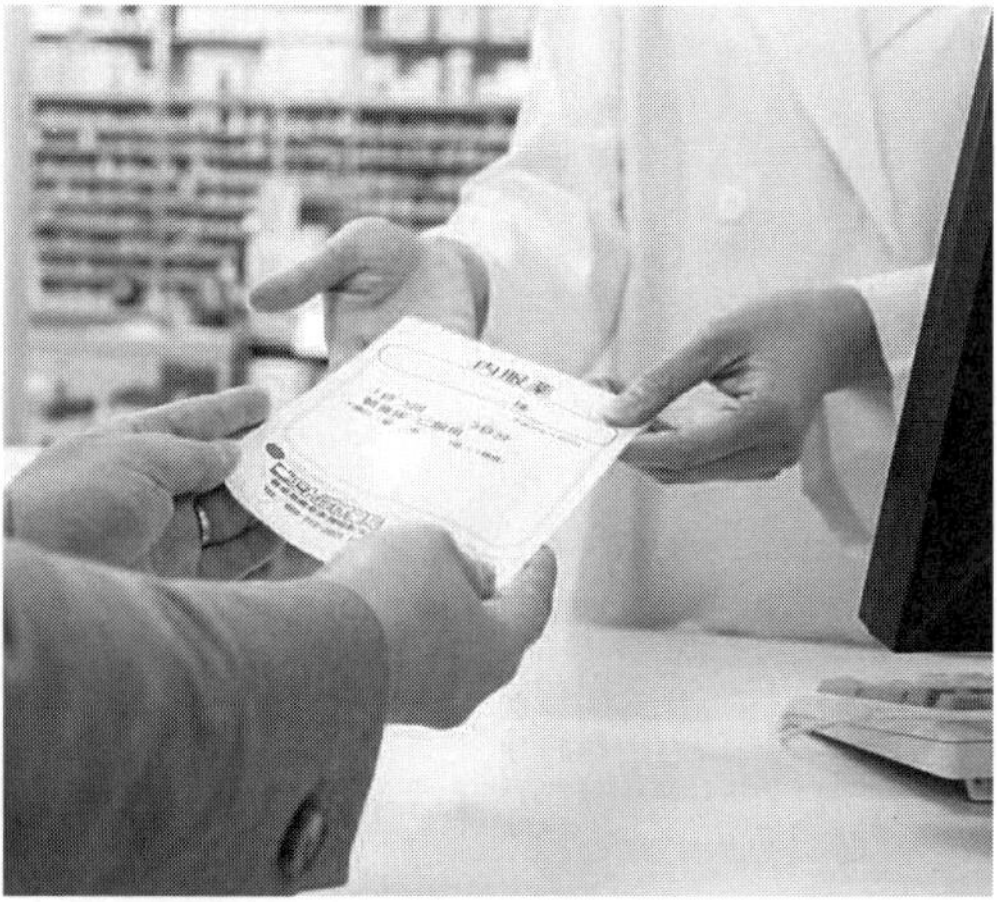

地域で必要とされる薬局を目指している

マチュピチュを目指すインカトレイルでの感動

以前、懇意にしていただいた内海孚さんについて触れた。内海さんは橋本龍太郎元首相と親しく、その橋本元首相が日本山岳会の名誉会長をされていたこともあり、山歩きを趣味とされていた。たまたま慶応大学山岳部ＯＢと南米のインカトレイルに行くからと、私を誘っていただいた。１９９６年のことである。

インカトレイルとは、インカ時代に作られたマチュピチュ遺跡までの道約45キロ歩く世界で最も人気のあるトレッキング・ルートの一つとして知られる。ただ、そこは山岳部ＯＢの強者たち。通常のインカトレイルとは異なり、マチュピチュ遺跡から逆方向に歩くルートを計画した。

当時、私は山歩きを趣味にしているわけではなかった。マチュピチュ遺跡の標高は2460メートルで、そこから3泊4日をかけて最高3800メートルまで上がり、2600メートルの最終地まで縦走する計画だった。高山病の心配もあったので、インカトレイル前に練習登山として富士山に登った。血液中の赤血球を増やすフェロミーナという薬を処方してもらい、挑んだが、3500メートル付近で頭が痛くなり、頂上までは行くことはできたが、お鉢巡りができなかった。大丈夫かなと不安がよぎった。

1996年8月。グループは約25人で、そのうち女性が10人ほど。まず飛行機で3300メートルのクスコまで行く。その段階で高山病になる人もいた。クスコからマチュピチュの麓までは電車で移動した。マチュピチュの遺跡から1日目の標高の一番高い目的地に着いたのは夜。その時点で参加した多くの女性がダウンした。隊長の判断で女性陣のほとんどはクスコに引き返し、女性で残ったのは、隊長の娘さんと家内の2人になった。

翌日、朝、目を覚まし、テントを出たら南米標高第2位のサルカンタイ（標高6271メートル）の雪山が、眼前に大きくそびえ立ち感動した。2日目以降は下るばかりで楽だったが、亜寒帯から亜熱帯まで樹木が変化していくことに感動した。

グループはわれわれ日本人だけでなく、「シェルパ」と呼ばれる荷物を運んでくれる人たちを含め約40人にもなった。彼らがテントや食事などを持ってくれるおかげで、私たちは飲み物やタオルなどを入れる簡単なリュックサックで済み、本当に楽だった。朝起きるとお湯が沸いていて、たらいに入れて持ってきてくれ、それで顔を洗った。別のテントには朝食が用意されているという具合だ。

下山し、クスコで打ち上げをした。現地の白濁したお酒のピスコサワーで乾杯したが、開放感もあり、思いっきり酔っぱらったことを覚えている。

内海さん(左から２人目)と私(同４人目)

シルバー事業は介護保険でロケットスタート

１９９０年代後半、寝具リネンサプライ事業本部は大きな岐路に差し掛かっていた。寝具リネンは建設現場と社宅や寮向けで、建設現場向けは機械化が進み、作業員数の減少と工期の短縮で需要は減少傾向。会社の寮向けも頭打ち。このままではリストラをしなければならない状況だった。

そんな中、同業の会社が福祉用具のレンタルという新しい事業を手掛けていた。ちょうど２０００年に介護保険制度がスタートするという動きがあった。そういう意味ではこれからの市場であり、当社が得意としているレンタルというビジネスが生かせると判断し、新規事業として取り組むことにした。

寝具リネンサプライ事業本部の中にシルバー事業部を立ち上げることを決めた。さてどのような人員で事業展開するかと考え、寝具リネンは成熟した市場だから市場を熟知した少数のベテランに任せ、新規事業は若手中心の組織とすることを決めた。

当時、福祉用具のレンタルは、2000年の介護保険制度導入を控え、「措置」の時代で、現在のように使用する個人にレンタルするのではなく、各自治体がいったん購入して各利用者に供与するという方式だった。

当初は試行錯誤で、やっても売り上げが立たない。一方でベッドや車いすを仕入れる必要があり、赤字が膨らんだ。当時の本部長が「年間2億円の赤字を出している。トーカイにとって足を引っ張ることになる。もうやめましょう」と直訴するほど厳しかった。会社全体としても厳しい時期であったが、私としては介護保険制度がまだスタートしておらず、それまで我慢して、それでも難しければ諦めると伝えた。

実際に介護保険制度が始まると、これまでの苦労が報われ、ロケットスタートが切れた。制度開始に合わせて参入する同業他社もあったが、当社は3年前から地道に取り組み、勉強会を重ねるなど人材が育っていた。若手は行動力もあり、「トーカイに頼むと的確な商品をどこよりも早く持ってきてくれる」という評判から、売り上げは大幅にアップした。

当然レンタルというビジネス上、仕入れが増え、赤字は続いたが、これはうれしい赤字。物が売れない時の赤字でなく、事業が成長する時の赤字で〝健全な赤字〟ととらえ、意を新たにがむしゃらに事業を推進した。

福祉用具のレンタルに参入

福祉用具レンタルは「本当にありがとう」が励み

ロケットスタートを切った寝具シルバー事業部の福祉用具レンタルだが、壁にぶつかったことがある。

介護保険制度は制度ビジネスで、3年に1度改定がある。2006年3月まではベッドや車いすは軽度の要介護度の方にも貸与することができたが、その年の4月から制度改定で要介護2以上に限定されることとなった。ベッドや車いすは、福祉用具のメイン商品であり影響は大きく、その時は売り上げが2割ぐらい減ってしまった。経営としては厳しかったが、同業他社も同じ環境だから、この時期を耐え抜けば、さらに飛躍できると考えることとした。

24年度も制度改定の年。「福祉用具貸与・特定福祉用具販売」で「貸与と販売の選択制」の導入があった。つえやスロープ、歩行器などは利用者がレンタルだけでなく、購入も選択することができる。当社としてはレンタルの場合、購入の場合、それぞれのメリットを利用者にしっかりと説明し、正しい選択をしてもらうことが大事となった。

福祉用具レンタルは、最終ユーザーである利用者やその家族から直接「本当にありがとう」という言葉をかけていただける。これは若手社員にとって何よりも仕事を行う励みになっている。

福祉用具の市場は、国内の市場の中で数少ない右肩上がりの市場だと思っている。団塊の世代がいよいよ75歳以上になる。65歳から高齢者といわれるが、実際には75歳から福祉用具の利用率が上がってくる。

介護保険制度では、ヘルパーが訪問して生活支援や身体介護を行う。ヘルパーがいる時は至れり尽くせりでやってくれるが、帰った後は何もできなくなる。

一方、福祉用具は365日24時間、利用者が使いたい時に使うことができ、自分の残された能力を最大限活用して自立を促すことができる。

今後、高齢化社会が進行することになり、一番の課題は介護サービスを担う人手不足だろう。そこを補完するのが福祉用具だと思っている。限界集落や離島などでは、現在でも在宅サービスや入浴サービスができなくなりつつある。残るのは福祉用具のレンタルだと思う。社会的な役割はますます大きくなり、また、その役割を担うことができることに誇りを持っている。

現在、在宅サービス利用者の中で、福祉用具をレンタルしている割合は全体の7割、一方で費用は全体の約8％程度。一番多く利用され、一番お値打ちなサービスが福祉用具サービスだとも言える。

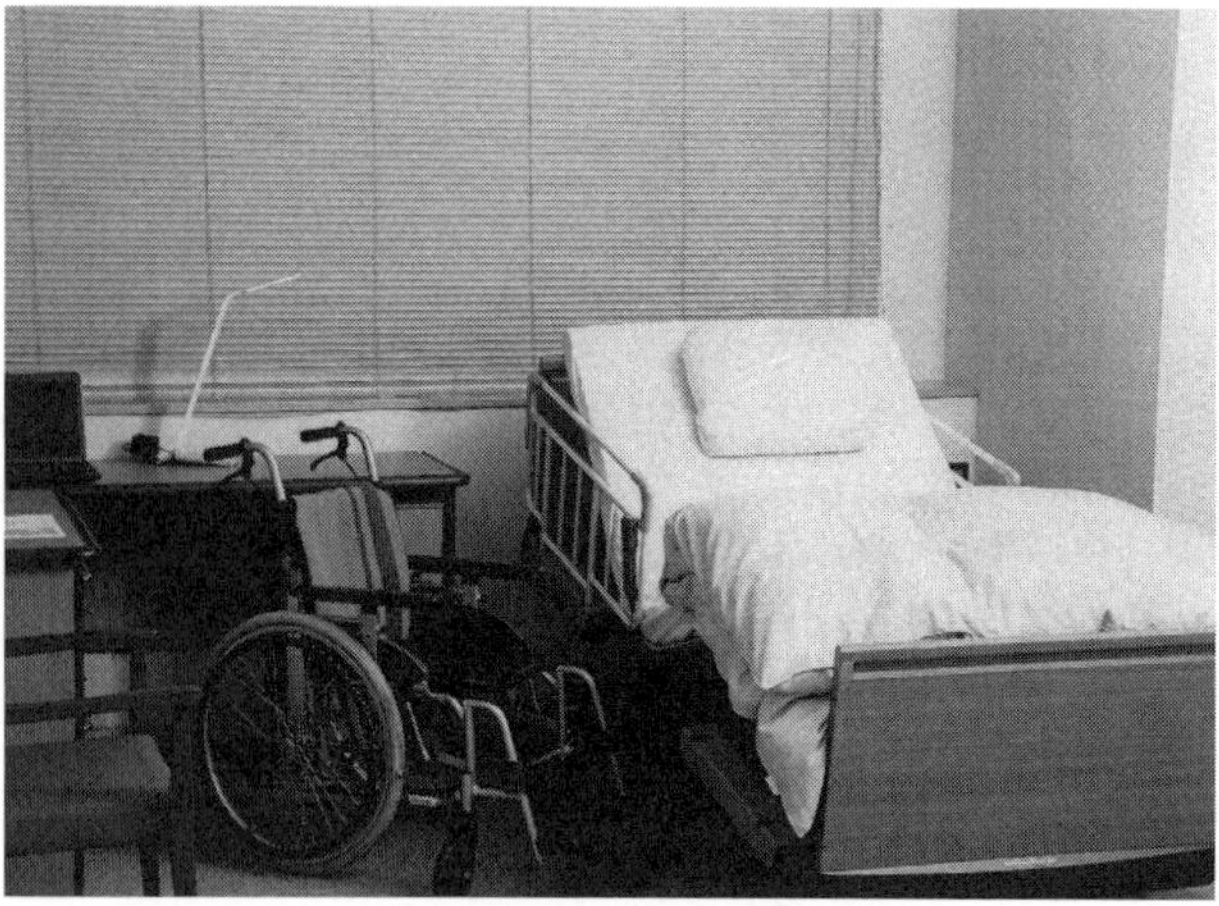

レンタルするベッドや車いす

第六章　先代の退任と大きな試練

名古屋地検特捜部の捜査。頭の中が真っ白に

1998年3月のある日の朝、いつものように先代と打ち合わせをしているときに秘書からメッセージの紙が手元に来た。名古屋地検特捜部の方がお見えになっているという趣旨だった。どういうことなのか何も分からず、頭が真っ白になった。

嫌疑をかけられたのは、特別養護老人ホームの建築補助金の不正受給だった。国は、今後の高齢化社会の進展を見据え、特別養護老人ホームの建設を促進するため、補助金を出すことにしていた。この補助金制度は、バブル期に設計された制度であったため、補助金の対象となる建設費の想定金額がそもそも割高になっていた。ただ、バブルが崩壊し、実際の建設費の相場は、想定金額を下回る水準で推移していた。

先代は、あるお寺の檀家の立場で、今後のお寺の事業展開のひとつとして、特別養護老人ホームの建設を提案し、了解を得て中心となって動いていた。そんな役回りをしていたこともあり、補助金の不正受給に関与しているのではないかと、捜査が入ったという訳だ。

私は名古屋地検が最初に来社した日の午後、大阪に出張する用事があり、新幹線の中で弁当を食べたが、先代や会社が今後どうなるのか不安のあまり、その弁当のご飯がまるで砂利を食べているような何とも言えない味であったことをいまでも鮮明に覚えている。

当社は事業として特別養護老人ホームなど老人福祉施設向けにもリネン類やベッドなどを供給していた。捜査では当社が会社としても不正受給にかかわっていたのではないかということで、先代や役員も事情聴取を受け、さまざまな資料を押収された。会社としてはリネン類やベッドを実際と比べ割高に販売した事実はなく、加担したことはないと説明していた。捜査には全面的に協力し、その行方を待つという状況だった。

全国でも同じような補助金不正受給の捜査がいくつも明るみになり、社会の関心を集めていた。なかでも当社は上場会社であり、先代は当時、岐阜商工会議所の副会頭を務めていた。新聞報道では会社名は伏せられていたが、これは先代の話だということを世間は知っていた。

不正受給補助金
龍谷会に1億8000万円還流
ハザマから
自己資金に充当
主導
0万円還流
補助金不正受給
ハザマから岐阜龍谷会に
寄付や施設の備品購入
特養不正、4人逮捕
本願寺派岐阜別院元輪番ら
3億8300万受給
名古屋地検
補助金詐取容疑

当時の新聞記事

先代の辞任。おわび行脚からの社長業

名古屋地検特捜部の捜査が入った同じ1998年。6月開催予定の株主総会を前に、先代からこのようなことがあったので、会社に迷惑がかかるから社長を辞めると話があった。その株主総会で、先代が辞任し、私が社長に就く人事案を提出し、承認された。そして総会の翌日、先代は逮捕された。

逮捕を受け、新聞は一斉に会社名を明らかにして報道した。1面に掲載されることもあった。私は腹をくくり、一軒、一軒、ご心配をおかけした病院など関係先を手分けしておわび行脚することを決めた。

おわび行脚する中で、厳しい現実を突き付けられることもあった。取引先金融機関に行くと、ある銀行の頭取からは「頑張れよ」と励ましの声をかけていただいた。一方で、別の銀行はこれまで会ったことのない総務部門の担当者が

出てきて、対応された。商売は信用が第一。この銀行からも信用が得られるような会社にならないといけないと逆に発奮材料となった。

病院や施設のお取引先を一軒、一軒訪問する中で、ある病院関係者からは「社長に何があったかは知らないが、うちの病院の中で働いてくれているトーカイの従業員さんはよく頑張ってくれている。だから契約を解約することはないよ」と言っていただけた。それは本当にありがたく、一生忘れられない言葉になっている。

結果として、解約となった件数は数件あったが、ほとんどは継続していただけた。ただ、その時に感じたことは、レンタル事業はいつでも解約できるということだった。レンタル事業だと、今月レンタルしていただくと、翌月も自動的に継続していただける。それが当たり前のように思って勘違いをしてしまいがちだが、いつでも解約できるということを改めて、知ることができた。

新規で契約をしていただけるありがたさ、そして継続していただけるありがたさ、どちらも同じぐらい重要であることを、私をはじめ役員、従業員みんなが感覚として持つことができたと思う。

1998年の株主総会

3人からの、心の支えとなった手紙が私の宝物

社長就任後、おわび行脚を続けていたが、岐阜市の本社前や私の自宅周辺、羽島市の工場などに街宣車が来ることもあり、依然騒然とした雰囲気があった。

そんな状況もあり、夜なかなか寝ることができなかった。いったん寝るが、夜中の1時や2時に目が覚める。今後どうなるか心配すると余計寝られなくなる。頭の中で不安の堂々巡りが続いていた。どうせ眠れないなら、読書を始めようと考えた。漠然とした不安に対する救いを求めようと、まじめな本を選ぶが、なかなか頭に入らない。10～20分してまた同じ行に戻り、読み返すことを繰り返していた。しばらく読んでいると心に響く言葉に出会う。そうなると本に没入でき、不安の堂々巡りから解放され、文字が頭に入るようになり、次第

に眠りにつくことができた。

その時から、心に響く言葉を書き留めて「言霊集」として冊子を作り、いつも傍に置いている。それぞれの言葉ひとつひとつにはその時々の思い出が刻み込まれており、私にとってはかけがえのない人生の大きな指針となっている。いまでも、素晴らしい言葉に出会えたと思ったら少しずつ書き加えている。

また、山歩きが私を支えてくれた。日曜日になると、ときどき金華山など近くの山を家内と一緒に登った。登っているときは無心でいることができる。さらに、下半身が疲れると夜もぐっすりと眠ることができた。結果として体力を維持することができた。体力が落ちると気力も落ちてしまう。不安な時こそ、従業員は社長の顔を見る。私の顔が不安そうに見えれば、従業員は余計心配することになる。先のことは見通せないが、1日1日やれることをやろうとおわび行脚をする中で、従業員も腹をくくってくれたと思う。

そして、社長就任後、すぐに3人の方からいただいた手紙がいまでも私の宝物になっている。もう亡くなられたが鍋屋工業（現ナベヤバイテック）社長の岡本太一さん、元野村証券岐阜支店長の関守さん、リースキンのマットを生産していたクリンテックス・ジャパン社長の福原章さんだ。みなさん、当社が一番厳しい時に、社長として頑張れという激励のお手紙であった。とても勇気をもらった。言霊集に残している「順境は友を作り、逆境は友を試す」ということわざがあるが、厳しい時に多くの方に支えられた。

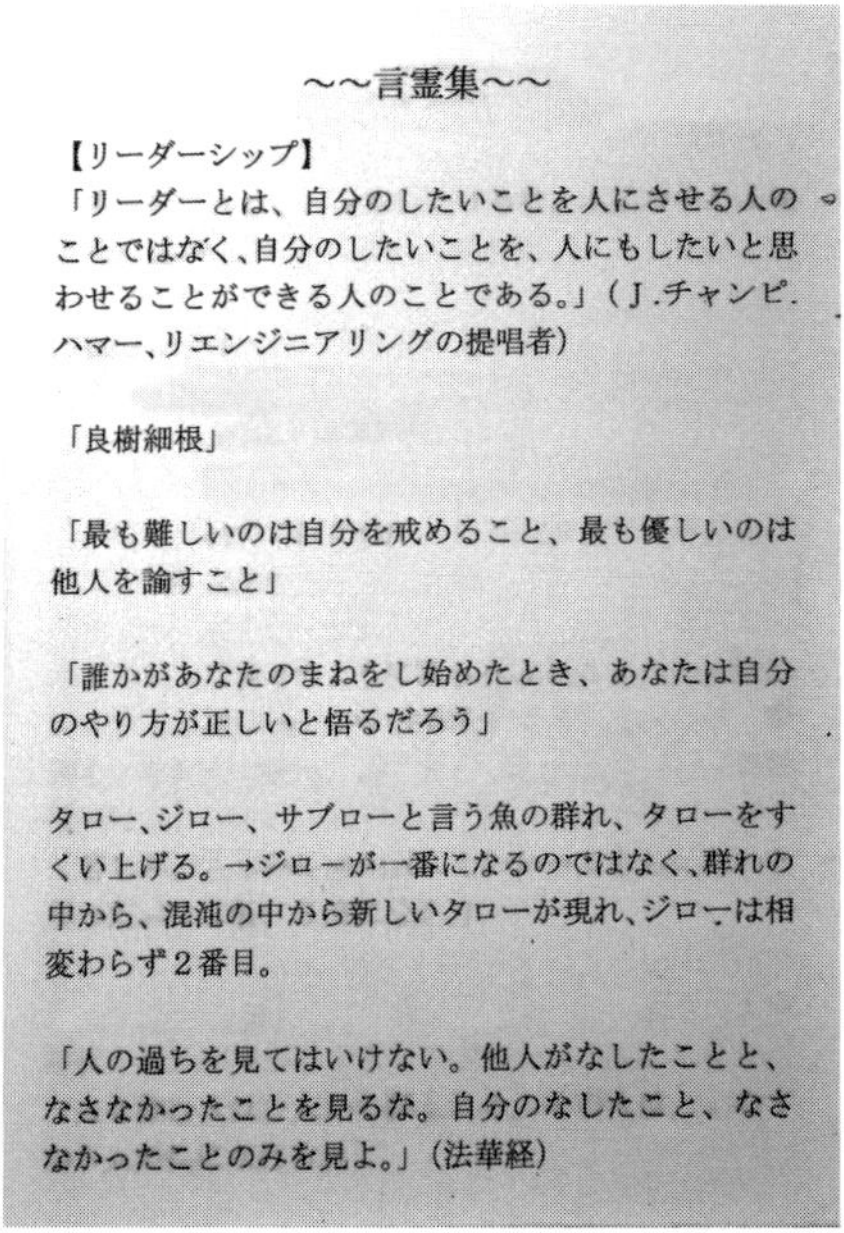

～～言霊集～～

【リーダーシップ】
「リーダーとは、自分のしたいことを人にさせる人のことではなく、自分のしたいことを、人にもしたいと思わせることができる人のことである。」（J.チャンピ.ハマー、リエンジニアリングの提唱者)

「良樹細根」

「最も難しいのは自分を戒めること、最も優しいのは他人を論すこと」

「誰かがあなたのまねをし始めたとき、あなたは自分のやり方が正しいと悟るだろう」

タロー、ジロー、サブローと言う魚の群れ、タローをすくい上げる。→ジローが一番になるのではなく、群れの中から、混沌の中から新しいタローが現れ、ジローは相変わらず2番目。

「人の過ちを見てはいけない。他人がなしたことと、なさなかったことを見るな。自分のなしたこと、なさなかったことのみを見よ。」(法華経)

心に響いた言葉を書き留めている

リースキン全国大会で思い伝え、試練乗り越える

社長就任後、気掛かりだったのが、リースキンのフランチャイズチェーン（ＦＣ）のことだった。リースキンチェーンにとって、精神的支柱が先代社長であった。その先代が社長を退任し、今後もネットワークを維持していくことができるのか。ＦＣは当社と特に資本関係があるわけではないので、いつでも辞めることはできた。私はその不安を払拭する場として、毎年開催している全国大会を選んだ。

先代の時は全国大会を開催しても参加者はせいぜい４００人だったが、今後の明暗を分ける全国大会と位置付けた高山市で開催した大会には約８００人が出席した。ＦＣのオーナーも今後もリースキンを続けるのか、リースキン本部が信頼に値するかどうか参加して判断しようという思いがあったのだと思う。

大会では、私が今後のリースキン事業の方針として、家庭用モップに力を入れていくこと、業務用マットは付加価値の高いマットに注力することを伝えた。そして、当時のリースキン事業をとりまとめていたL・E・C事業本部本部長の浅井勝廣さんと打ち合わせをして、映画「てんびんの詩《うた》」をお見せした。

この映画は、近江商人の家に生まれた主人公が、天秤棒《てんびん》を担いで一軒一軒回り、苦労をしながら商品となる鍋蓋《ふた》を売り、商売の原点を学ぶストーリーだ。リースキンも同じように一軒一軒回りながら商売するビジネス。お客さんの信頼をいただき、長くお付き合いしていきたいという私の思いを伝えたかった。また、FCのオーナーは創業者でそれぞれ一国一城の主。商売の厳しさを身に染みて分かっている方たちばかりだから、映画の主人公に自らを重ねる人も多かったようだ。

大会を終え、懇親会を開催した。あるFCオーナーは息子さんと2人で参加していて、「いい大会だった。いろいろ考えていたが、これからもリースキンをやるぞ」と言ってもらえた。本当にうれしかった。今後のリースキン事業の成否を占う全国大会だっただけに、なんとか試練を乗り越えることができ、浅井本部長と喜び合った。

高山市で開催した全国大会

トーカイ憲章「清潔と健康」で事業の再編

社長に就任はしたが、先が見えず、五里霧中の状況だった。幸いだったのは名古屋証券取引所市場2部に上場していたが、当時はまだ単体決算のみの開示で良かった。実は連結決算でみると、私が社長に就任する直前の1998年3月期と、就任1年目の99年3月期は2期連続で最終赤字だった。

苦戦していたゴルフ場経営に加え、2000年の介護保険スタートを見据えて取り組んでいた福祉用具のレンタル事業も手探り状態。調剤薬局としてスタートした「たんぽぽ薬局」も始まったばかりだった。そして先代の逮捕があった。現在のように連結決算の開示だったら、どうなっていたかと思う。

私は当時、何をするにも相談する人が2人いた。病院関連事業本部長の大野隆章さんと、総務本部長の安藤嘉章さんだ。最終的には私が判断するが、必ず

2人にアドバイスをいただいた。私は当時42歳。2人がいなかったら、正しい判断はできなかったと思う。本当にありがたかった。

私は以前から、会社として何を目指すのか、明確に方向性を打ち出すことが重要だと思っていた。そこで「前進と奉仕」という社是はあったが、新たに「トーカイ憲章」を制定した。

トーカイ憲章とは、

「トーカイは、『人』と『地球』の『清潔と健康』を使命とし、縁ある全ての人々の幸せを実現する為、ここに宣言します。」

一、私たちは、常に「感謝」の気持ちを込めて、「お客様第一」に徹底します。

一、私たちは、「衛生管理のプロ」として、「安心と安全」をお届けします。
一、私たちは、常に挑戦者として、変革を進め、互いに成長を図ります。

これを機に「清潔と健康」に特化した会社にしていこうと方針を決めた。

先代の時代は、柱となる寝具リネン事業やリースキン事業のほかにもさまざまな事業を立ち上げていた。ただ、柱となる事業以外は利益が出ていなかった。冠婚葬祭事業やゴルフ場事業などがそうだった。

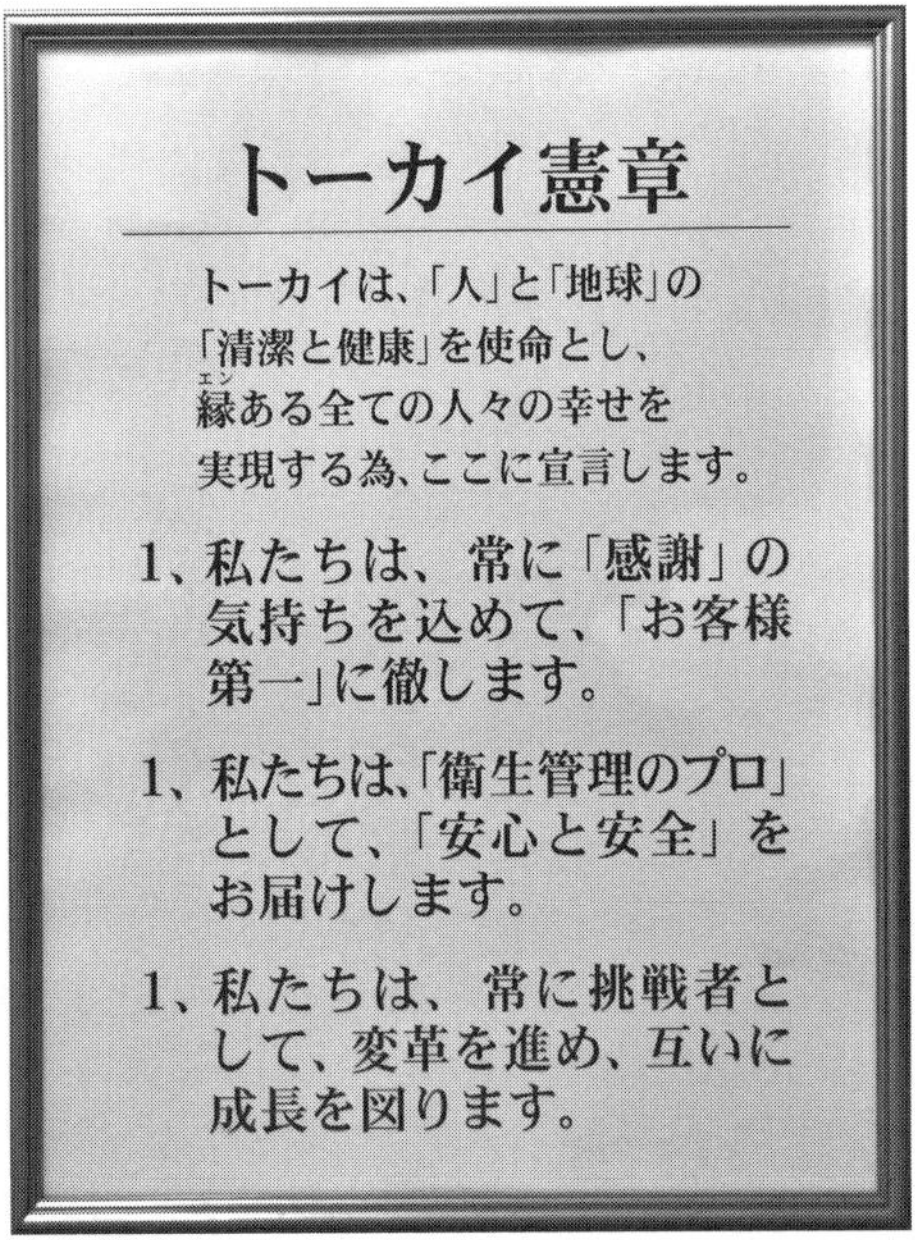
トーカイ憲章
トーカイは、「人」と「地球」の
「清潔と健康」を使命とし、
縁《エン》ある全ての人々の幸せを
実現する為、ここに宣言します。
1、私たちは、常に「感謝」の
気持ちを込めて、「お客様
第一」に徹します。
1、私たちは、「衛生管理のプロ」
として、「安心と安全」を
お届けします。
1、私たちは、常に挑戦者と
して、変革を進め、互いに
成長を図ります。
トーカイ憲章

感謝の気持ちを込め院内感染防止のセミナーを開催

社長就任直後からの逆境を乗り越え、病院や福祉施設に継続して契約をいただけることへの感謝の気持ちを込めて何か商売以外でお役に立てないかを考えていた時だった。たまたま米国で開催された医療機器の展示会で、今後は、病院の中で感染が広がってしまう「院内感染」について対策が重要になるという話を聞いた。

その展示会の帰りの飛行機の中で、土井英史さん（現日本感染症支援協会代表理事）にお会いした。土井先生は看護師で、講師として院内感染防止についてセミナーを開催しているということを知り、それでは当社がスポンサーとなり、お世話になっている病院などでセミナーを開催してほしいと提案し、快諾いただいた。

院内感染は、病院内で、新たに細菌やウイルスなどの病原体に感染すること。ＭＲＳＡ（メチシリン耐性黄色ブドウ球菌）に代表されるように、通常は感染を抑えるため抗生物質を使用するが、その抗生物質が効かなくなり、いたちごっこになることもある。治療するはずの病院で新たに感染し、病気になってしまうことから、当時、厚生労働省でも問題視し始めた時だった。

土井先生は関西出身で、関西人の絶妙なユーモアを交えたセミナーはすぐに人気を博した。医師や看護師は、院内感染に関するセミナーを年1回受講する義務があったが、これまでは退屈だったセミナーが、時間を忘れるほど楽しくなったという評価をいただいた。

セミナーでは、米国など海外の最新の医療現場について報告があり、院内感染防止で使用している医療機器など具体的な事例を基に紹介していただいている。当社の営業エリアでそれぞれ年1回開催しており、これまで20数年続けている。

当初は、商売抜きでスタートした院内感染防止セミナーだったが、社会的に院内感染が大きな問題になる中で、病院内で具体的に防止するためのニーズが高まっていた。

こうしたニーズに応えるために始めた事業が、病院の院内清掃を行うティ・アシスト事業や手術着のリユース事業につながっていく。

当社としては院内感染が大きな問題となる前から土井先生のセミナーを開催してきたことで、病院や医師、看護師の方との信頼関係を構築でき、事業を進めることができたことは大変ありがたかったと思っている。

講師の土井先生

退任後、事業に一切口をはさまなかった先代の潔さ

難局を乗り越えることができたのは、頼りない２代目社長の私と一緒にがんばるしかないと腹をくってくれた幹部をはじめ従業員のおかげだと思っているが、もう一つは二頭政治にならなかったからだと思っている。先代は社長退任後、事業に一切口をはさむことなく完全に私に任せてもらえた。それはとてもありがたかった。

また、先代とともに会社を支えてきた番頭の人たちも同時に退任し、一遍に役員クラスの世代が若返ったことも大きい。若い世代がやらないといけないという責任感を持つことができた。

以前は、親子けんかをしょっちゅうやっていた。若いころは報告がないとか、気配りが足りないと怒られた。先代は人脈のおかげで商売ができることを本当

に分かっていた人で、人間関係を何より大事にしていた。人間関係をないがしろにすることを絶対に許さないという思いがあった。

本当に厳しい人で、怒る時は烈火のごとく怒る。一番言われると嫌なことをグサッと言う。一緒に住んでいたから、翌日、朝食を一緒に食べることになる。私としては嫌だなと思うが、先代は「なんや、どうしたんやお前」とカラッと何事もなかったように声をかけてくる。粘着質な性格ではないから、救われることも多かった。

先代は創業者であり、一代で会社を大きくした。やはり、オーナーにとって一番の息子とは会社だと思う。これまで手塩にかけて育ててきた会社から全く身を引くということは大変つらいことだったと思う。

会社のことではなかったが、先代は結果として不祥事によって退任することになった。有罪が確定し、そういう意味では会社の信用を失墜させた責任がある。創業者だから、本来は引退する時は多額の退職慰労金を支払うのは当たり前であるが、株主総会を前に、私から先代に「退職慰労金については申し訳ないが出せない」と伝えると、何も聞かずに「そうか」と承諾してくれた。

後で耳にしたことだが、私の代になってから取り組んだ新規事業の福祉用具のレンタル事業や調剤薬局事業について、「この事業はいいぞ」と周りに宣伝してくれていたという話を聞いて、横目で見て喜んでくれていたのだと思う。

先代・小野木三夫氏

先代の息子であるトーカイグループを発展させる使命

２００２年暮れ、先代はちょっと肋骨《ろっこつ》が痛いと言い出した。検査の結果、肺がんと診断された。手術はしたが、転移もあって、抗がん剤治療をすることになった。

抗がん剤治療の段階から、名古屋の愛知県がんセンターに転院した。１回目の時はほとんど副作用もなく「俺はやっぱり強いな」と豪語していたが、２回目、３回目となるにつれ体力は弱っていった。ただ、お見舞いに来ていただく方に、不快な思いをさせたくないという先代の心情が伝わってきた。人には元気な自分を見てほしいという思いが強かったのだと思う。「元気ですね」と言われることも多かった。

３回目の治療を終え、しばらくしてからのことだった。いつものように朝、岐阜からお見舞いに病室に顔を出し、ちょっと今日は顔色が悪いかなと思っていた。ただ、その時に初めて先代から「(母のことを) 頼むぞ」と話があった。いつもと違うなと思いながら、病院を出て会社に向かう車の中、すぐに病院に来てくださいと電話があり、戻った時には残念ながら亡くなっていた。２００4年2月23日、78歳だった。

2月27日に、岐阜市の善照寺で創業者葬を執り行った。2月末だったが、雪混じりの寒い天候の中、通夜を含め約３５００人の参列者となった。

私は会葬御礼の最後に「私は小野木家の養子となりましたが、父が手塩にかけて育てた、また自分の人生の全精力を費やして育てた本当の息子はこのトーカイという会社だと思っている。その本当の息子であるトーカイグループをさらに発展させ、より多くのお客さまにご信頼いただける会社にすることが私の使命と考えています」と、皆さんにお伝えした。

母は先代が亡くなってからしばらくは、元気がなく心配をしていた。ただ、1年程経った頃に、夢の中に先代が出てきて「おまえもそろそろこっちに来い」と言ったらしい。すると母は「まだ行かない」と夢の中で拒絶したようだ。その後、母は吹っ切れたように活動的になり、75歳からスイミングスクールに通い始め5年ぐらいで100メートルも泳げるようになった。さらに、旅行にもインドの川下りや南極まで出かけた。

母は私が先代とけんかすると必ず私の側に立ち、仲裁に入ってくれた。そんな母も昨年（2023年）、94歳で亡くなった。小野木家の息子として育ててくれた両親に心から感謝している。

善照寺で執り行った創業者葬

第七章　新たな事業展開で東証上場へ

市場拡大を期待しアクアクララ事業へ参入

2002年の秋ごろに、水を宅配するビジネスがあることを知り、参入するかを検討した。役員会では、岐阜の水はおいしいからわざわざ買う人がいるだろうかと懐疑的な声もあったが、東京や大阪など大都市では徐々に普及し始め、特に若い人がコンビニエンスストアでペットボトルの水を普通に買い始めていた。若い人の消費行動から、今後の市場拡大が期待できると判断した。

水のビジネスは、大阪に本社を置くアクアクララジャパンを本部としてフランチャイズシステムで展開していた。0・0001ミクロンの微細な膜で、原水をろ過し、ミネラルを添加した人工のミネラルウオーターを製造する。契約した各家庭にサーバーを設置し、必要な水を宅配する事業だ。当社はフランチャイジーとして加盟し、03年、アクアクララ事業を立ち上げた。

リースキン事業などの家庭用ユーザーを一軒一軒訪問したほか、ショッピングセンター内で実演販売をするなどして、顧客開拓を進めた。アクアクララの強みは、冷たい水が出るだけでなく、お湯も出ること。単なる水だけの利用ではなく、お湯を沸かす必要がなくお茶などにもすぐに使用できる利点がある。当社の役員で宴会をやる時などサーバーを1台持ってきて、焼酎の水割りもお湯割りも、自分で、ワンタッチで作っていた。こうした利用方法が受け入れられたと思っている。

順調に顧客を獲得し、立ち上げの翌年には水を生産するプラント建設に着手した。当社は羽島市の井戸水を原水としている。原水は各フランチャイジーがその地域で確保することになっており、岐阜の水は幸いきれいなことから、生産工程でフィルターの汚れが少なく、コストを抑えることができている。

04年に本部のアクアクララジャパンが突然民事再生法を申請したが、アクアクララの市場評価は損なわれることなく、新スポンサーが本部となって、事業は継続している。当社は東海3県を営業エリアとしているが、全国のフランチャイジーの中で売上高はトップ3にランクされている。

水の宅配事業は、今後は厳しさが増してくると思っている。ワンウェイ方法や水道水を家庭で浄水する方法と供給方法が多様化している。しかし、アクアクララの顧客は大きな財産。この一軒一軒のお客さまに何か新しい提案ができないか考えていきたい。

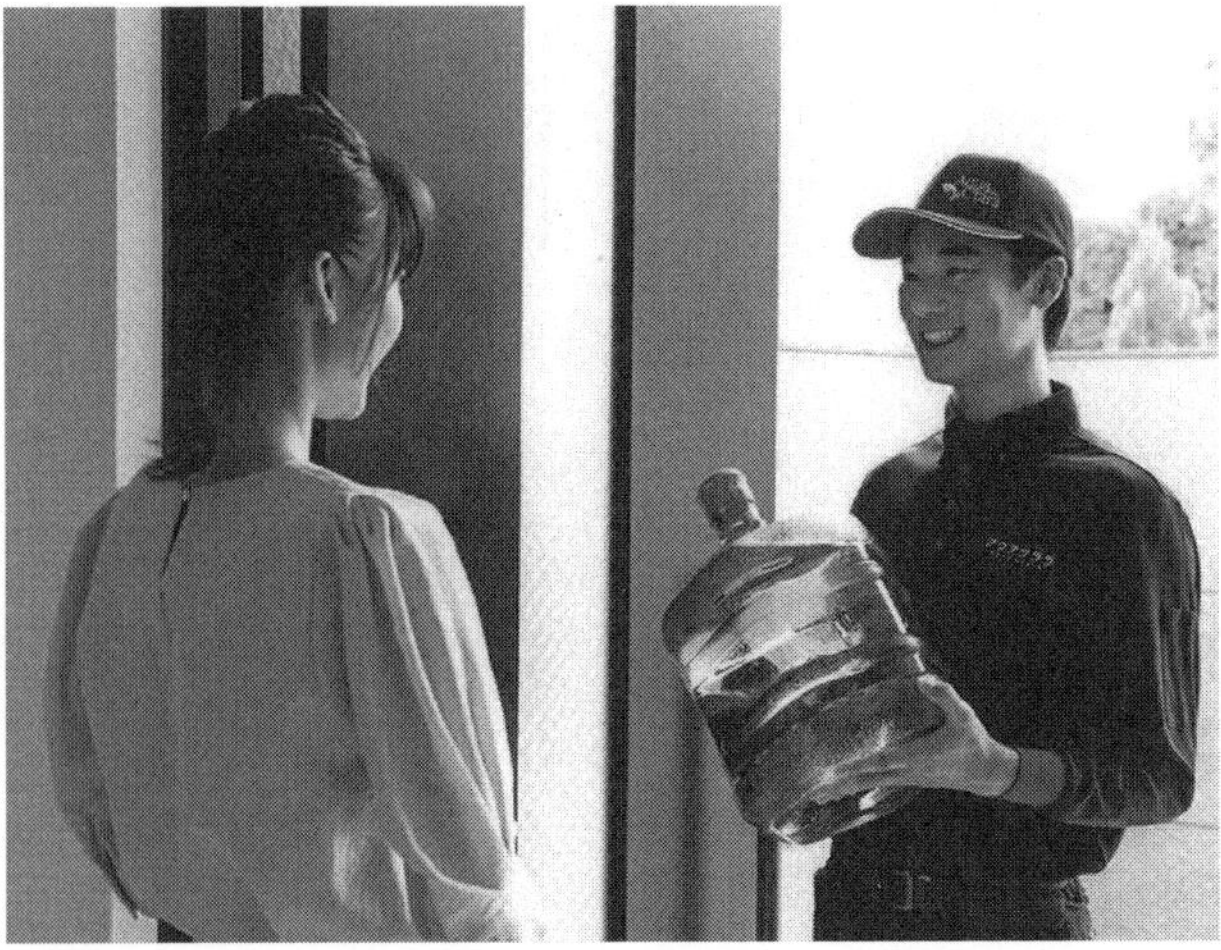

契約した各家庭に水を宅配する

ダイヤモンド・プリンセス号の清掃が大きな勲章に

マットやモップなどのレンタルを行うリースキン事業をやっていると、顧客の事業所や店舗から清掃自体を依頼されることがあった。こうしたニーズに応えるため、1994年4月、トーカイ管財（現ティ・アシスト）は、総合ビルメンテナンス会社として本格的にスタートした。

設立当初から、他社との差別化方針を掲げ、全国的に珍しかった大型スチームクリーニングマシンや壁・天井のクリーニングマシンの導入を進めた。ただ、一般清掃だと大きな差別化は難しく、結局は価格競争になってしまった。

売り上げは堅調だが、収益が厳しく、このままでは難しいと思っていた時、院内感染防止セミナーの講師を務めていただいている土井英史さんの事を思い出した。一般清掃ではなく、院内感染を防止するノウハウを習得し、病院清掃に踏み出す決意をした。

当社が参入した当時、病院清掃はまだ院内感染を防止するノウハウを持つ清掃会社は少なく、一般清掃会社が受託し、いまでは考えられないが、病院内で多くの人がさわる手すりやトイレのドアノブを清掃する道具と病室内を拭く道具が同じだった。

当社は、1軒1軒病院を回り、病院清掃の方針、やり方についてお伝えをした。最初に受託したのが浜松赤十字病院。土井先生からのアドバイスや米国から院内感染防止の機器を取り入れて、独自のノウハウを蓄積して提供し、大変喜んでいただいた。2000年には初の国立病院として三重大学医学部付属病院の清掃を受託することができた。

こうした実績が評価されたのか、新型コロナウイルス感染症の拡大初期に発生したクルーズ船「ダイヤモンド・プリンセス号」の集団感染で船内清掃の依頼を受けた。当初は引き受けるべきかどうか社内で議論があったが、対応できるノウハウがあると判断した。船内清掃は当社だけではなかったが、携わったメンバーにとっては大きな勲章になっており、誇りにもなっている。

コロナによって感染症の恐怖を、身をもって経験したことで、院内感染防止の重要性を病院も再認識した。コロナ禍真っただ中の時は、目の前のコロナに対応することで手一杯だったが、５類移行後も、院内感染防止の需要は高まっている。

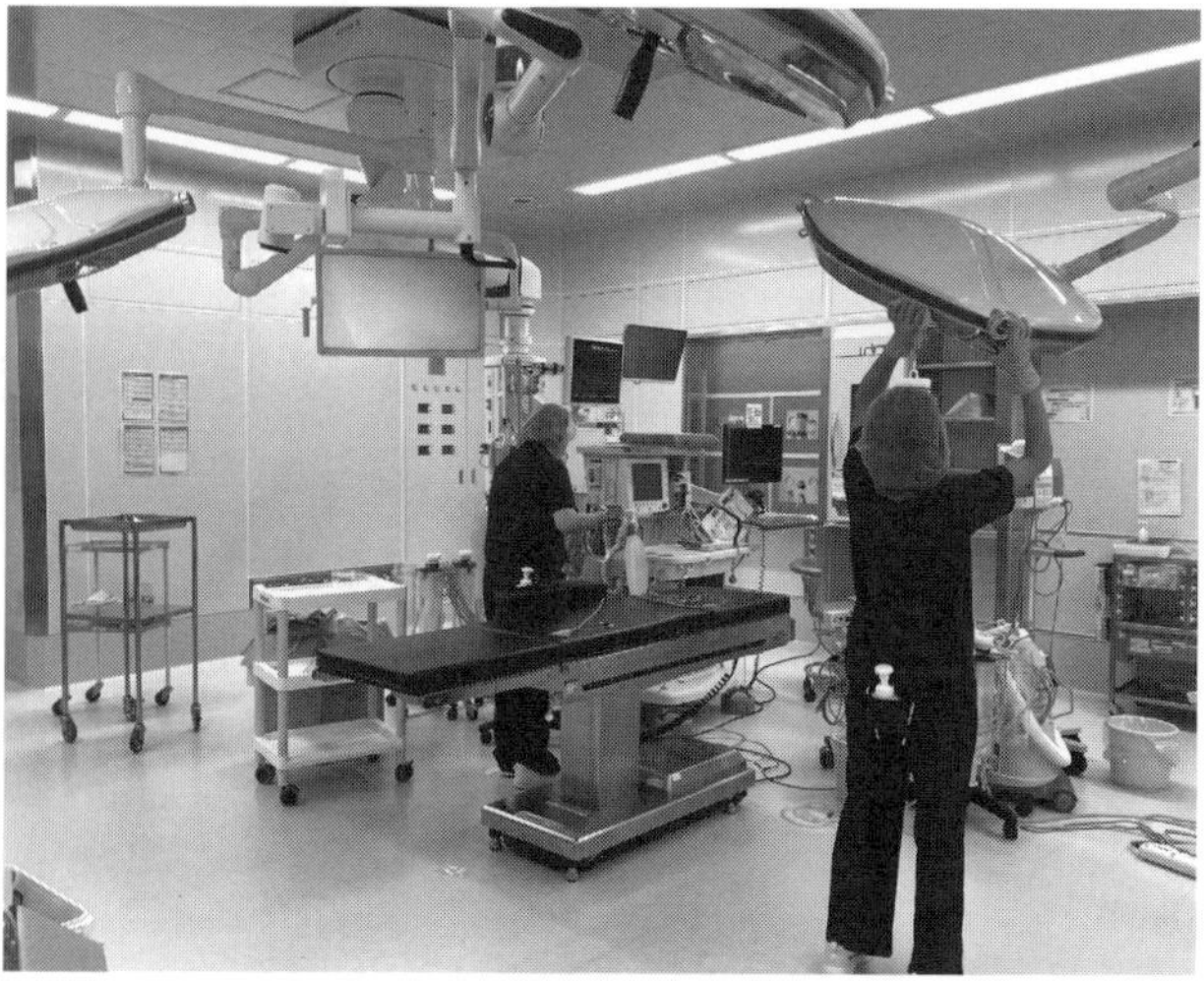

手術室内の清掃も担う

工場を、利益を生み出すプロフィット部門に変える

社長就任前からやりたいことはいくつかあった。病院関連やリースキンなどの製品を生産する工場の生産性を向上させることもその一つだった。同業他社が集まる勉強会で、他社の工場を見学する機会があり、比較するとまだまだ当社の工場には、改善の余地があると感じていた。

就任後、さっそく改革に乗り出した。いろいろと検討したが、洗剤で取引関係のあったライオンから人材を招くことを決め、松永勝三郎さんに生産本部長として来てもらった。

松永さんは、ライオンが台湾に工場を建設する時に携わり、素晴らしい成果を上げていた。私は工場をコスト部門ではなく、利益を生み出すプロフィット部門に変えたかった。

そこで、社内単価制度を設けた。それまで工場はどれだけコストがかかったかだけを計算していたが、工場で洗った商品を営業部門に販売する社内売買価格を決めた。そうなると、工場で売り上げが立つ。いま利益がでているのか、赤字なのかが分かる。これまではどれだけコストを削減したかが評価基準だったが、量が増えれば当然コストは膨らむ。工場単位で毎月の収益を出し、前年同月と前月とで比較した。

それまでもQCサークルで改善活動はしていたが、あまり機能していなかった。改革により毎月の損益が出ることで、現場のやる気を引き出すことができた。松永さんは、一つ一つ丁寧に指導し、決して厳しい言い方はせず、働く人が自ら変わらないといけないという意識改革を進めてくれた。

その後も外部から人材を招聘《しょうへい》し、改革に向けた取り組みを進めた。例えば、設備投資について、以前は投資については工場長が決めるものという考え方だったが、実際に現場で作業する従業員から投資の話が出るようになった。どうすれば生産性が上がるかという視点があるからこそで、どれだけ改善効果があるのか、回収期間はどれぐらいなのかを意識するようになり、生産本部のレベルが一段上がったと思っている。

また、毎月の会議で、各工場の工場長はどれぐらい収益が出たか、数字の報告だけをしていたが、どのように改善したか取り組み内容を報告することで、別の工場長が、その取り組みだったら導入できると参考にするようになった。会議自体も生産性を上げることができた。

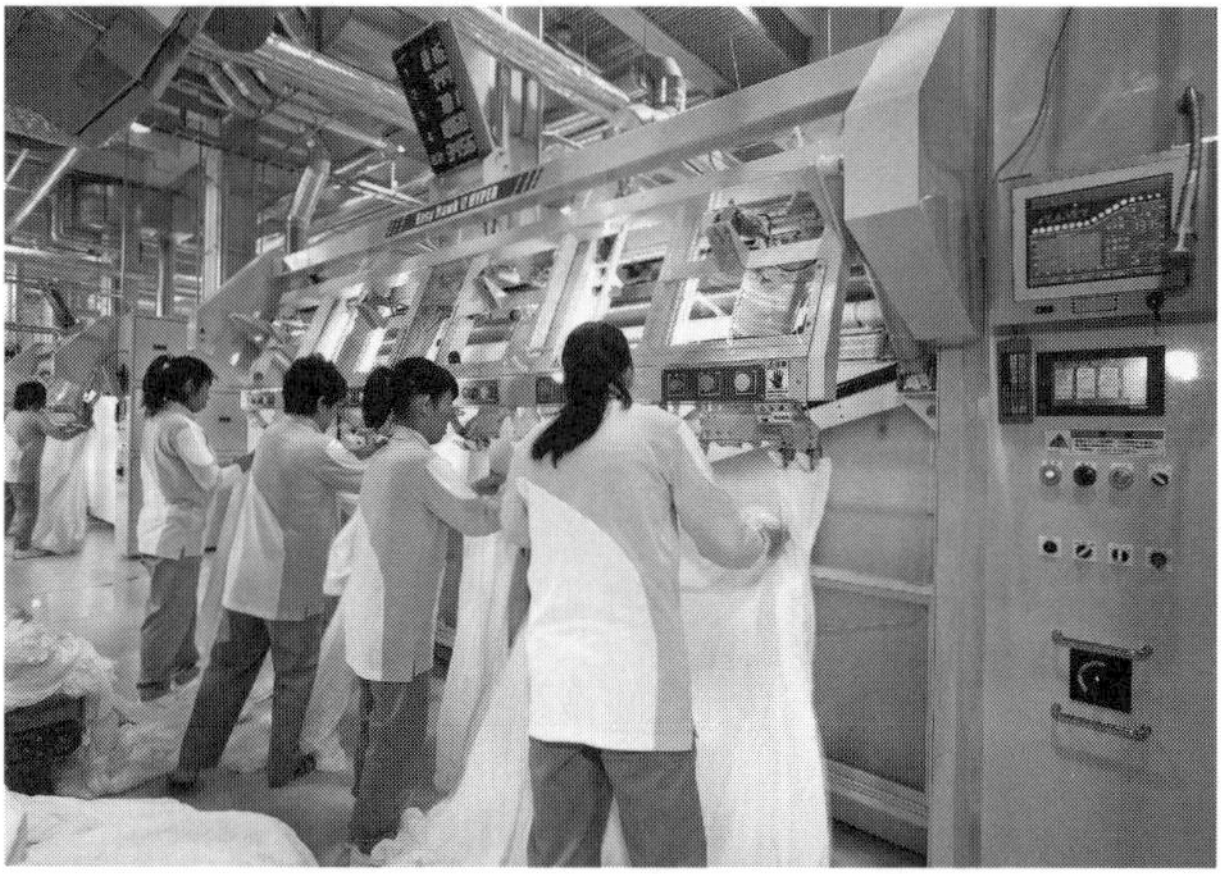

効率化に取り組む工場

初のM&Aで関係のあったトーカイ（四国）を子会社に

１９６０年代だったと聞いている。先代とトーカイ（四国）の創業者の河野馨さんとが、商社が企画した欧州視察旅行で一緒になり、意気投合した。当時、河野さんは高松市で大変有名な陶磁器の販売会社を営んでいた。ただ、河野さん自身、今後を考えると陶磁器に変わる新たな事業の柱を模索していたそうで、そんな時、先代から何か違う商売を始めた方がいいぞと言われ、それでは教えてほしいという話になり、病院向けのリネンサプライを始めることになった。

62年10月、資本関係のない兄弟会社として、当社と同じ社名の東海綿業が四国の高松市で創業した。後のトーカイ（四国）になる。創業後、当社のリースキン事業にも加盟し、地方本部となって一緒に事業を進める関係になっていた。

創業者が急逝し、弟の河野猛さんが2代目となって、事業を進めていたが、後継者が不在だった。私が社長になってから、２００４年に河野社長から譲渡の提案があった。病院向けリネンサプライは独自で事業を展開し、福祉用具のレンタルも当社よりも早く手掛け、四国でナンバーワンのシェアを獲得していた。同業他社に提案する可能性もあったが、創業の経緯やリーススキン事業で一緒に取り組んできた信頼関係があったからだと思う。本当にありがたかった。

05年に一部株式を取得し、07年に完全子会社になった。

また、トーカイ（四国）の子会社に設備メーカーのプレックスがあった。クリーニング設備で、リネン類を自動で投入したり、たたんだりする機械を開発し、省人化に寄与していた。人手不足の時代を迎えたいま、大きな力を発揮してくれている。

トーカイ（四国）の買収は、私が社長になって最初のM&A（合併・買収）案件だった。買収価格の決定では、河野社長との交渉で難儀をしたが、先代に伝えると創業の経緯からも「あそこはいい会社だ」と喜んでくれていた。当社は営業力に強みがあり、トーカイ（四国）はプレックスを持ち、どちらかというと工場の生産性が高かった。お互いの強みがシナジーとなる買収だと思った。

買収して約20年になる。トーカイ（四国）出身の人が当社の執行役員に就くなど、人事交流も進めており、優秀な人材も抜てきし、活躍の場を広げている。

トーカイ(四国)の本社

同仁社を子会社に。信頼関係が結んだM&A

トーカイ（四国）のM&A（企業の買収・合併）を無事成功し、しばらくして、病院やホテル向けリネンサプライを手掛けていた同仁社（本社福島県）から、後継者がいないということで譲渡の提案があった。病院やホテル向けのリネンは独自で事業展開していたが、当社とはリースキン事業の地方本部として関係があった。

同仁社は福島県福島市に本社を置く。２０１１年に発生した東日本大震災では、大きな被害を受けた。福島県伊達市にリネン類やリースキン商材の洗濯工場があり、東京電力の福島第一原子力発電所の事故で隣町までが避難区域となった。かろうじて使用することはできたが、水もなく、燃料となる重油もなかったから10日間ほど稼働することができなかったという。原発の関係で観光需要がなくなり、ホテル向けリネン類は壊滅状況となった。そんな危機的状況から会社を立て直したのが、当時の齋藤信社長だった。

齋藤社長は、私心がなく、会社をよりよくしたいという思いから、さまざまな施策を打ち、それが従業員の心にも届いていたからこそ、震災から立ち直ることができたと思う。私と齋藤社長は同世代で、私が社長就任後にゴルフ場やスキー場を処分し、会社を立て直したことも知っている。お互い信頼関係があったからこそ、当社に譲渡の提案をしてくれたと思っている。もともと当社が一部株式を保有していたが、17年に追加取得し、子会社化した。

子会社化した後、同仁社は現在の村上徹社長が就き、着実に事業を拡大している。トーカイで取り組んだ生産改革を導入し、工場をコストセンターから利益を生むプロフィットセンターに意識を改革するため、社内売買価格を設定した。工場がもうかっているかどうかが見える化でき、現場の人のやる気を引き出した。

また、福祉用具のレンタルにも力を入れた。福祉用具のレンタルはケアマネージャーがケアプランを作成することによって何を使用するかが決まる。そのためケアマネとの信頼関係を作ることは大変重要なことではある。一方で、別のアプローチとして、病院の退院窓口との関係強化に取り組んだ。退院する人の3割ほどは福祉用具が必要で、新規顧客獲得につながった。

トーカイ（四国）と同仁社はどちらもリースキン事業の地方本部で、それまでの信頼関係があったからこそM＆Aが実現できた。病院関連事業にも広がり、ありがたいと思っている。

当時の齋藤信社長

ＳＤＧｓを追い風に手術着のリユース事業をスタート

海外の病院寝具の現状を視察するため、２年に１度、ドイツやフランスなどに出かけた。リネンサプライの会社４、５社を見学した時に手術着のリユースを手掛けている会社があった。日本ではディスポ（使い捨て）が主流となっていたが、何とか参入できないかと思い、検討を始めた。

白衣メーカーのナガイレーベン（本社東京都）も新しい商材として手術着のリユースを考えていた。欧州で行われているリユース素材も研究し、ナガイレーベンが商材を製作し、当社が営業することで事業がスタートした。

いざ、営業しても病院からはディスポが便利で、なかなか使ってもらえなかった。メイン商品は手術時に患者の体を覆うドレープだったが、最初は付属の機械台のカバーなどしか契約してもらえず、医師や看護師が着るガウンまでにはなかなか採用してもらえなかった。本当に苦労した。

ディスポ商品の場合は、購入費用だけでなく使用した後、医療廃棄物としての処理費用もかかる。一方、当社はレンタル費用のみで処理費用は必要ない。トータルでコスト削減につながることをアピールし、そこまで言うならと徐々に使ってもらえるようになった。

最初は、生産面でも苦労した。髪の毛一本でも異物が混入していたら大変だから、最初から病院向けリネンなどとは分けて洗濯していたが、返品されることもあった。消毒液の跡などは滅菌されて問題はないが、ディスポと比べられると不良品として返品された。

レンタル商品の特性やメリットを粘り強く説明する中で、少しずつ理解してもらい、現在は年7％ぐらいで売り上げが伸びている。当社が参入した後、同業他社も始めたが、現在、本格的に取り組んでいるのは数社だけ。それだけ参入障壁が高いということで、ここで利益が出せれば大きな財産になると思っている。

ディスポは東南アジアで生産されている。コロナの感染が拡大した当初、輸入が止まり、ディスポが一時入手できない状況になった。ＢＣＰ（事業継続計画）という観点から、病院としても、手術ができなくなると困るので、ディスポだけでいいのかという機運がでてきた。

また、環境問題に関心が高まる中、病院は医療廃棄物を削減する努力をしている。ディスポはパッケージになっており、医師や看護師が必要なものだけを使用して、ほかのものは使っていなくても破棄してしまう。ＳＤＧｓの観点からも、追い風が吹いていると思っている。

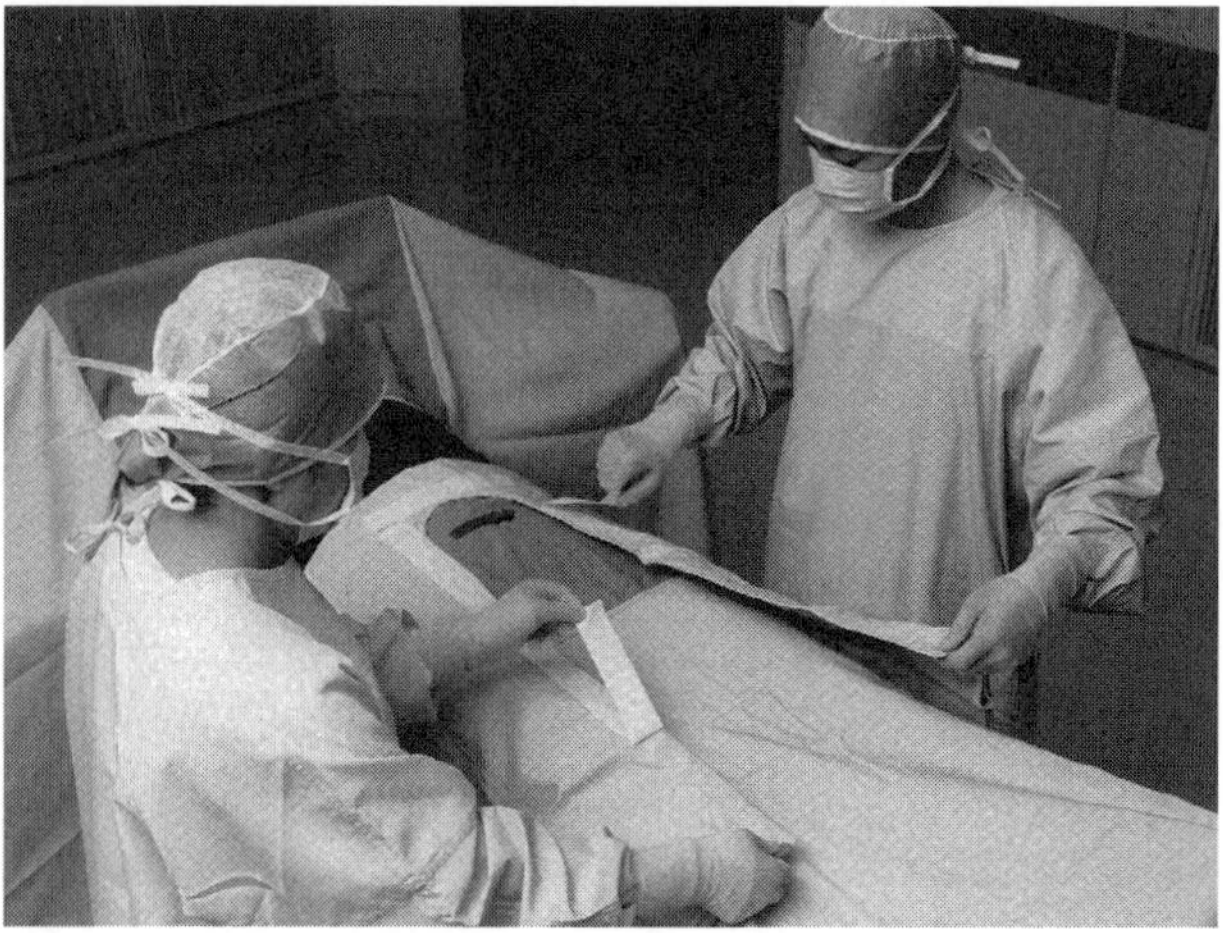

年７％程度で伸びているリユース事業

２０１０年に東証上場。ＲＯＥ８％を目指す

１９８８年12月に名古屋証券取引所市場２部に上場したが、どうしても株式の商い数が少なく流動性が低いから、機関投資家もあまり手が出せなかった。これではと思い、私が社長に就任してからは、機関投資家に認めてもらい、さらに個人投資家にも喜んでもらえるようにしたいと東京証券取引所への上場を目指した。

名証上場の時は、私が上場準備室の室長としてチームを組んで取り組んだ。東証上場はすでに上場していたので、それほど大きな負荷にはならなかったが、上場審査では、内部管理体制などを含む実質基準をクリアするため、野村証券のサポートを受けたプロジェクトチームが資料の作成に挑んだ。

２０１０年３月19日、東証２部へ無事、上場を果すことができた。名証の時

は先代がセレモニーに出席し、私は出席できなかったこともあり、東証の上場セレモニーで恒例の鐘を打った時は感慨深いものがあった。

東証2部上場時は名証2部と重複上場にしたが、日々の株価を見ていると、東証と名証の株価が異なることがあり、投資家が混乱するから、翌11年3月22日の東証1部の上場時に重複上場を解消した。東証1部企業となり、11年3月期の期末配当では、上場記念配当10円を加え、年間配当は前期と比べ14円増配の30円とした。また、高松、大阪、東京、名古屋の4会場で、「トーカイグループ東証一部上場記念感謝の集い」を開催し、約3200人のグループの従業員とともに祝うことができた。

東証上場で商い数も増え、外国人の株主もできた。海外の年金の機関投資家も株主になっていただいた。少子高齢化が進む日本で当社のようなシルバー向けの事業を展開していることが評価されたと思っている。

現在は、プライム市場だが、ＰＢＲ（株価純資産倍率）１倍割れを改善しないといけないと思っている。ただ、株価はわれわれでコントロールできないから、自分たちでできることとしてＲＯＥ（自己資本利益率）を改善することを目指している。24年３月期は６・９％だったが、８・０％を何とか実現していきたい。

東証２部上場時に鐘を打った

厳しい太陽光発電事業。工場や営業所には設置続ける

２０１１年の東日本大震災の後、原子力発電ではなく、太陽光発電や風力など自然エネルギーに力を入れていくという時代となった。政府が翌12年7月から固定価格買取制度（ＦＩＴ制度）を導入した。産業用は1キロワット時＝40円という価格設定となったので、事業として安定的な売り上げの確保と収益拡大を見込み、産業用太陽光発電事業に参入を決めた。

自社初の大規模太陽光発電（メガソーラー）による売電事業は、広島県広島町で開始した。もともとリースキン事業で取引関係のあった企業から、まとまった土地があるから借りてもらえないかという話があった。当社の事業エリアから遠方であったが、メガソーラーであれば採算が取れると思った。設置を決断する役員会では、反対する意見もあったが、考えられるリスクとしては、政府

が買取価格を引き下げること。これは20年間固定と確認することでクリアした。もう一つは風水害によるパネル飛散や故障だ。新たに購入するコストは発生するが、それ以外はないと判断し、スタートに踏み切った。

広島市のメガソーラーは、発電した電力の全量を中国電力に販売することで、20年間にわたり年間約5千万円の安定した売電売り上げが見込める。年間発電量は123万キロワット時で、一般家庭約220戸分の年間使用量に相当する。

次は大分県から話があった。工業団地用として造成した土地が遊休地となっていた。現在、九州メガソーラー田川発電所として稼働しており、年間発電量は850万キロワット時で一般家庭約1505戸分の年間使用量に匹敵する。

その後は、政府の買取価格が引き下げられ、売電事業の収益が厳しくなり、取り組んでいないが、同時に進めてきた工場や営業所の自社消費としての太陽光発電の設置は続けている。自社消費部分は、12年に羽島市にあるリネン工場の屋根に設置したのが初めてで、同年にはたんぽぽ薬局岐阜長森店にも設置した。昨年建設した埼玉工場にも設置した。

脱炭素社会が叫ばれ、環境問題が大きくクローズアップする中、当社も工場で電力を消費し、ボイラーを炊きながら二酸化炭素を排出しているが、売電事業や自社発電することにより少しでも排出量を削減できればと思っている。

広島のメガソーラー

病院ＰＦＩ事業に参入し、新たな事業展開の契機に

２０００年以降、地方自治体は、それぞれが運営する公立病院の運営を民間に任せるＰＦＩ（民間資金活用による社会資本整備）方式に変更する動きがあった。自治体としては老朽化に伴う建て替えに多額の費用が必要となることもあり、全国的には高知医療センターが第1号としてスタートしていた。

当社が初めて参画したのは、ニチイ学館が特別目的会社（ＳＰＣ）の中心を担う大阪府八尾市の八尾市立病院。その後、東京都にて四つの都立病院を統合し、都立多摩・小児総合医療センターを建設する事業が公募された。清水建設が本事業に手を挙げられ、当社は、リネン類の洗濯工場などの建設を同社にお願いしていた縁で、病院内のリネンサプライや医療作業業務を担うパートナーとして参加した。

清水建設も初めてのチャレンジで、当社としても膨大な資料を作成して協力した。プレゼンテーションの結果、清水建設が第1交渉権を得て、本格的に動き出した。難しかったのは、15年間という長期契約の中で、人件費などのコストは社会情勢で変化することになるが、その変化が単価にどのように反映されるかであり、結果として物価スライドという話で落ち着いたことを覚えている。

清水建設子会社の多摩医療PFIがSPCとして、10年に病院は完成した。医療行為は都立多摩・小児総合医療センターが行うが、SPCは医療行為以外の運営をすべて担う。

当初はいろいろ心配事があったが、大きな問題もなくスタートし、今後も病院のPFI事業に参画していく方針を決めた。3カ所目は東京都の松沢病院。こちらはプラント建設の日揮がSPCを設立、当社はさらに広範な業務を任せていただき、より深く病院運営に関わることができた。

ただ、全国初の病院ＰＦＩ事業であった高知医療センターの経営が厳しくなり、病院ＰＦＩの難しさが徐々に顕在化してきた。病院運営の基盤である診療報酬が2年に1度改定される中で、5年、10年、20年先の経営を見通すことが難しかったのだと思う。地方自治体としては民間に任せたいが、民間にとってはリスクが大きく、徐々に運営型の病院ＰＦＩ事業は減少していった。

当社は現在も3カ所の病院ＰＦＩ事業に参画している。参画して良かったことは、病院としては、医師や看護師は、診療報酬に関係する本来の医療行為だけにかかわりたいということを理解することができたことである。結果として、病室清掃やベッドメイク、物品搬送など医療行為以外の看護補助業務を請け負うニーズを知り、事業展開する契機になった。

多摩小児総合医療センター（上）と松沢病院

ブラザー工業の監査役となり、活発な役員会に驚く

私は2010年代にCBC（中部日本放送）の番組審議委員をやらせていただいた。ちょうど同じ時期にブラザー工業の小池利和社長（当時）も審議委員で、小池さんのざっくばらんな性格もあって、親交を深めていた。すると、小池さんから非常勤監査役の要請をいただいた。私で間に合うかどうかわからないけど、お引き受けすることにした。16年6月から3年間務めた。

引き受けた理由は二つあった。実は、母の小野木邦子の義兄が昔、ブラザーの専務をやっていて、親近感があった。もう一つは、ブラザーのような大企業の役員会がどのように運営されているのか。当時は、開かれた役員会はどうあるべきかという議論が市場で焦点となっていたこともあり、勉強になると思ったからだ。

まず役員会に出席して、驚かされた。大変活発な役員会で、社外役員が企業経営のポイントとなる質問を次々としていた。こういう役員会を運営することで経営として大きな間違いを未然に防ぐことができるのだと感じた。

例えば、M&A（企業の合併・買収）を決断するときは、事前調査だけでなく、3年後、5年後に当初の見込みとの差異をしっかりとチェックし、M&Aの成功率を上げるという議論をされていたと思う。それが会社の一つの重要な知見になる。

私が在籍した期間の顔ぶれを見ると、中部国際空港の平野幸久顧問（当時）やデンソーの深谷紘一相談役（当時）、そのほか、商社や銀行など経営トップにいた人ばかりだった。

ブラザーの役員会を経験し、当社も活発な役員会を目指し、「社外」を積極的に入れるようにした。今年の6月の株主総会では、役員構成で社内5人、社外5人と初めて社外と社内の取締役が同数となった。社外の視点として、一人は厚生労働省出身者で行政としての考え方、機関投資家出身者は市場の見方、生産本部の改革に尽力してもらったライオンのOBには設備投資の考え方、そして今回、特許関係に詳しい女性弁護士にも入ってもらった。

ブラザーの非常勤監査役をやらせてもらって大変勉強になった。小池さんには本当に感謝している。

ブラザー工業の本社

日本病院寝具協会理事長就任。安定供給するという使命

業界団体で日本病院寝具協会という組織がある。病院や診療所、介護施設などへ寝具類を提供するリース業を営む企業で構成されている。１９６４年12月に設立され、入院患者がより良い条件のもと、快適な入院生活を送ることができるように常に安心、安全で衛生的な寝具類の提供を目指している。

私は、98年に社長に就任したが、それまでは先代が協会の理事を務めていた。先代が社長退任と共にすべての対外的な役職も降りたため、私は先代社長に代わり理事に就任した。

協会は、入院患者が自分で寝具類を用意していた時代に院内感染のリスクをなくすため、病院側が清潔な寝具類を用意する制度が施行したことを受け、そ

の基準寝具を提供する業者が集まった。ただ、提供する基準寝具が衛生的かどうか科学的な検証はなかった。厚生労働省から80度の熱湯にシーツなどを10分以上つけるか、次亜塩素酸ソーダで消毒するかというルールはあったが、実際に清潔かを証明する仕組みがなかった。

私は総務委員会の委員長として、海外では定期的に寝具類のバクテリア検査を行い、衛生的かを証明している事例を挙げ、協会としても検査を導入する提案をした。そんな必要があるかとか、そのコストはどこが負担するのかなどいろいろ議論はあったが、年2回、シーツなどを10センチ四方に切り取り、第三者機関に検査をしてもらい、一般細菌調査を実施することとなった。その後、リネン類からの院内感染が疑われたことがあったが、検査を実施していることで、品質の証明をすることができた。

2016年に理事長に就任し、リネン類の洗濯方法の改善にも取り組んだ。

現状の80度10分の消毒はエネルギー価格の上昇による収益圧迫と二酸化炭素（CO_2）の排出が多いという環境問題を抱えている。次亜塩素ソーダによる消毒もシーツなどへのダメージが大きく、長持ちしないデメリットがある。欧州では過酢酸による消毒が進んでおり、ようやく日本でも認められたところ。温度も50～60度で商材へのダメージも少ない。今後、少しずつ普及していくだろう。

また、代行保証制度のルールをより具体的に明文化した。水害や地震などによる災害で洗濯工場が使用できなくなることがある。当初から会員同士助け合いましょうという制度はあったが、明確なルールがなかった。具体的に実施できるようにルールを明文化した。近年、災害が毎年のように起きている中、病院や介護施設のリネン類をどんなことがあっても安定供給するという使命を協会全体で果たしていきたいと考えている。

理事長としてあいさつする筆者

日本福祉用具供給協会理事長就任。介護サービスのラストリゾート

２０００年の介護保険制度のスタートにあわせて、福祉用具のレンタル事業を行う企業が集まり日本福祉用具供給協会が発足した。私は４代目の理事長として15年に就任した。

介護保険は、３年に１度の介護報酬の改定があり、業界環境が変わる。私が理事長になる前の話だが、07年の介護報酬の改定で、これまで医師やケアマネージャーが必要と判断すれば、ベッドや車いすはすべて要支援から使用できたが、改定により、要介護２以上からの使用に改定された。当時の理事長らは厚生労働省の担当者と協議したようだが、こうした業界としての意見を伝える役割を協会は担っている。

私が理事長に就任した後の大きな改定のひとつが上限価格の設定だ。18年10月から商品ごとに全国平均貸与価格の公表と貸与価格の上限設定を実施し、貸与価格の適正化が図られてきた。福祉用具のレンタル価格の設定は自由価格で、同じ市町村内では同一価格設定という条件はあるが、基本的には競争になる。特に高い価格を出す業者があったこともあり、上限価格の設定という話になった。

毎年、全国平均貸与価格を公表し、上限価格の5％を削っていくことになり、そうなると全体として毎年価格は下がる。業界としては経営の安定化を図る上でも厚労省に物申したが、駄目だった。ただ、21年、事業者負担が大きいこともあり、価格の見直しは毎年から3年に1度に緩和された。ただし、今の様なインフレの時代には、企業にとっては大変厳しい制度であり、今後も厚労省には制度の見直しについて陳情していくつもりである。

今年4月にも新たな改定があり、つえやスロープはレンタルか購入かどちらかを選べるという選択制が導入された。日本は少子高齢化が急速に進み、国として介護費用を抑制したいという思いがあり、私は必要なことだと思う。福祉用具のレンタル費用は、在宅サービス全体の約8％程度、一方で在宅サービスの利用者の約7割が福祉用具を使用している。一番コストパフォーマンスがいいと思っている。また、これから人手不足が深刻化する中、限界集落などでは介護サービスを担う「人財」がいないため提供できない可能性もある。それを少しでも補完するのが福祉用具であり、われわれは〝介護サービスのラストリゾート〟だと思っている。福祉用具は介護支出を抑えるためにも、人手不足を補うためにも最後の砦《とりで》としてますます重要となるサービスだと思っている。協会として、その責任を果たしていきたいと思う。

研究大会であいさつする筆者

社長を退任。未来を託せる多くの優秀な人材に感謝

私は42歳の時に社長に就いた。創業者だった先代が急きょ退任したからだ。その時、先代は71歳だった。私は先代を見ていて、社長就任時に65歳を過ぎたら社長を交代しようと心に決めていた。

先代は創業者だから、勘の鋭い人で事業のことも本当によくわかっていた。一を言えば十が分かる人だった。そういう人であるにも関わらず、65歳を過ぎてからはさまざまな経営判断をするなかで、ちょっと感覚が衰えてきたと思っていた。そのひとつがゴルフ場などのリゾート開発事業だ。経営環境としてすでにバブルが崩壊した後だったにもかかわらず、強引に進めた。決定する役員会で反対したが、聞く耳を持ってもらえなかった。ゴルフ場3カ所やスキー場などは、結局大きな経営負担となり、私の時代に撤退することになった。

先代を見ていて、どんな優秀な人でもまた勘の鋭い人でも正しい情報を基に決断しないと判断を間違う。経営にとって良い話はどれだけ聞いてもいいが、マイナスの話をしっかりと受け止めて改善してくことが経営だと思っている。トップとしてマイナスの話を聞く忍耐力は絶対に必要で、本当の話が入ってこなくなるほど危険なことはない。裸の王様になってしまう。

２０２３年６月、私は社長を降り、浅井利明氏に託した。25年ぶりの交代であり、創業家以外から初の抜てきとなる。当初思い描いていた65歳という目標からは２年遅れのバトンタッチとなった。

当社は現在、連結売上高が１３８２億円（２０２４年３月期）という規模になり、従業員数も１万人を越え、東証プライム市場に上場している。株主の期待に応えるためにも、従業員の雇用を守っていくためにも、会社をいい形で成長させていく必要がある。そのためにも優秀な人材に任せたいという思いで、後継者育成の準備を進めていた。

浅井社長には3年前から白羽の矢を立て、営業畑が中心だったこともあり、管理や財務の部分を経験してもらった。誰にも言っていなかったが、本人にはある程度伝えていたから、そのつもりで勉強もしてくれた。

トップになる要件として、さまざまな分野を経験し、広い視野を持つことが重要である。また修羅場を経験することも重要だと思っている。厳しい時こそ人間性が出る。そして本当の信頼関係が生まれる。浅井社長には、社員の本音をしっかりと聞く耳があり、またお客さまに尽くすための素晴らしいフットワークもある。浅井社長が中心となり作っている新中期計画を、必ずや達成してくれるものと確信している。

浅井社長のもと、新たなステージのトーカイグループに期待していただければと思う。

浅井社長(右)と筆者

あとがき

後継ぎとしての半世紀

小野木家の養子となって、今年で49年、来年でちょうど半世紀となる。

振り返ってみると、このような人生を送らせていただくチャンスを作ってくれた、小野木三夫、邦子夫妻には感謝をしてもしきれない。もし私が、小野木の養子となっていなければ、アメリカのビジネススクールに留学することもなかっただろうし、様々な業界で活躍されている、人間的に魅力的で素晴らしい方々と出会うこともなかったと思う。お陰様で、なかなか経験できないこともたくさん経験させていただけた。

経営者としては、最初は、創業者である小野木三夫前社長のようにならなくてはならないと単純に考えていた。

しかし、創業者の人間的な魅力や、何に対しても知りたがる好奇心、ハングリー精神は持って生まれたものであり、真似しようにも真似できるものではなかった。やればやるほど自分の至らなさを感じるだけであった。

そんな中で、2代目としての自分の役割は違うのではないか、違っていいのではないかと考えた。なぜなら、市場のニーズは変わってきているし、お客様の考え方も変わってきている。トーカイで働いてくれている人たちの考え方も変わってきている。それだけに、自分のできることで、トーカイという会社に貢献できることを、愚直でいいから一つ一つ作り上げていけばいいのではないか、と考えるようになった。そして、自分なりの方法で会社に貢献することで、信頼というものが得られていくと考えた。

そこでまず、私が最初に社長として行ったことは、幹部社員と一緒になって、トーカイの信頼を回復することだった。

来る日も来る日も、お客様へのお詫び行脚を続けた。1年以上にわたるこのお詫び行脚で、私も幹部社員も創業時代の一番大事なことをもう一度学ぶことができたのだった。そして、一番大事な信頼関係を幹部社員と築くこともできた。

これから経営をされようとしている方にお伝えしたいことは、経営者としての役割は時代とともにそれぞれ違うのだということである。

前経営者の真似をしようとしても、それは所詮真似でしかなく、現社長の本当の存在意義とはならない。自分ができることで会社に貢献できること、お客様や、社員に喜んでもらうこと、それを愚直に考え、実行すること。

そして、その結果として、自分の会社組織に対して、社長として貢献することである。

このことに気が付くことで、前社長の呪縛から解き放たれて、肩の力も抜け、フットワークもよくなると思う。

「自分のできることでいいから、愚直に一歩一歩」

これをこれから経営者になる方へのエールとして、この本の最後で伝えたい。

2024年12月吉日

著　者

＊本書は中部経済新聞に令和6年7月1日から同年8月31日まで52回にわたって連載された『マイウェイ』を改題し、新書化にあたり加筆修正しました。

小野木 孝二（おのぎ　こうじ）

1955（昭和30年）生まれ。京都大学工学部卒、1977年㈱トーカイ入社。79年米コロンビア大学経営学部大学院修了、ＭＢＡ取得、81年取締役、87年常務、91年専務、94年副社長、98年社長、2023年から会長。滋賀県安土町（現近江八幡市）出身。69歳。

中経マイウェイ新書 062
後継ぎとしての半世紀
2025年3月14日　　初版第1刷発行

著者　小野木 孝二

発行者　恒成 秀洋　発行所　中部経済新聞社

名古屋市中村区名駅4-4-10　〒450-8561
電話　052-561-5675（事業部）

印刷所　西川コミュニケーションズ株式会社
製本所　株式会社渋谷文泉閣

ISBN978-4-88520-252-0